SHALOM Hebrew!

SIMPLE STEPS TO READING HEBREW

Contributing Author:

Ellen J. Rank

BEHRMAN HOUSE
www.behrmanhouse.com

The publisher gratefully acknowledges the following sources of photographs and art:

Cover: Shutterstock/Chayapol Plairaharn; p. 4: Shutterstock/tomertu; p. 9: Terry Kaye; p. 12: Josh Berger; p. 17: Shutterstock/underworld; p. 21: Curt Walstead; p. 26: Mark Walters; p. 30: Richard Lobell; p. 34: Shutterstock/Howard Sandler; p. 37: Terry Kaye; p. 40: Shutterstock/Liron Peer; p. 43: Shutterstock/S1001; p. 46: Shutterstock/Donna Ellen Coleman; p. 49: Shutterstock/Syda Productions; p. 53: Shutterstock/Howard Sandler; p. 56: Shutterstock/Gordon Swanson; p. 59: Shutterstock/Palau; p. 62: Richard Lobell; p. 63: Ann Koffsky; p. 66: Richard Lobell; p. 69: Shutterstock/Oleg Ivanov IL; p. 70: Ann Koffsky; p. 73: Joy Ferraris; p. 76: Curt Walstead; p. 80: Richard Lobell; p. 84: Terry Kaye; p. 88: Richard Lobell; p. 91: Shutterstock/Maclaud; p. 93: Shutterstock/IvanNikulin

Book and cover design: Senja Lauderdale

Project Editor: Terry S. Kaye

ISBN: 978-0-87441-962-7

Manufactured in the United States of America

CONTENTS

שַׁבָּת

Shabbat

שׁ תּ ת בּ

ַ ָ

Reading Practice

Read these lines.

בַּ בַּ בַּ בַּ בַּ בַּ 1

בָּ בָּ בָּ בָּ בָּ בָּ 2

בּ בַּ בּ בָּ בַּ בּ 3

בַּבַּ בַּבָּ בַּבּ בַּבּ בַּבָּ בַּבַּ 4

בַּבּ בַּבָּ בַּבַּ בַּבּ בַּבָּ בַּבּ 5

בּ

שַׁבָּת

Bet

Search and Circle

Read aloud the sound each letter makes.
Circle the one sound that is different.

1 בּ בּ בּ בַּ בּ בּ

2 בָּ בָּ בּ בָּ בָּ בָּ

3 בּ בַּ בּ בּ בּ בּ

4 בַּ בַּ בַּ בּ בַּ בַּ

Sounds Like

Read each line aloud.
Circle the Hebrew sounds on each line that are the same.

1 בַּ בּ בָּ

2 בּ בַּ בּ

3 בּ בָּ בָּ

4 בָּ בָּ בּ

5 בּ בַּ בּ

6 בָּ בּ בַּ

Reading Practice

Read these lines.

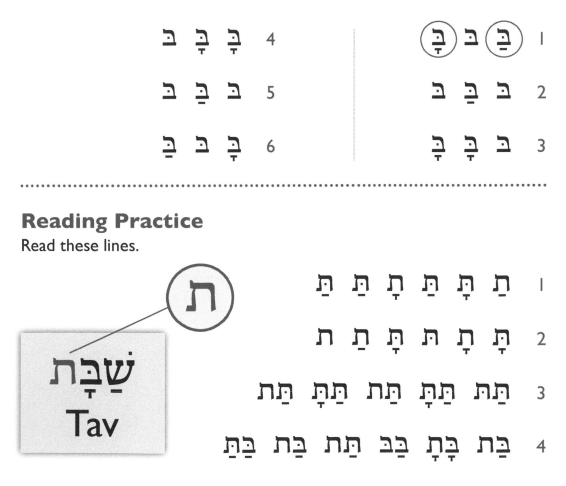

ת

שַׁבָּת
Tav

1 תַ תָּ תַּ תָ תַּ תַּ

2 תָּ תָ תּ תָּ תַ ת

3 תַּת תַּתָּ תַּת תַּתָּ תַּת

4 בַּת בָּתָ בַּבּ תַּת בַּת בַּתַּ

Reading Practice

Read these lines.

שׁ

שַׁבָּת

Shin

1 שַׁ שָׁ שׁ שַׁ שָׁ שָׁ

2 שַׁ שָׁ שָׁ שַׁ שׁ שַׁ

3 שַׁשָׁ שָׁשָׁ שָׁשַׁ שָׁשׁ

4 שַׁבּ בָּת שָׁת בַּשׁ

5 בַּת תַּת שַׁבָּ שַׁבָּת

The One and Only

Read aloud the sounds below. Circle the sound that is unique on each line. *CHALLENGE:* The circled letters spell the same Hebrew word twice. What is the Hebrew word?

1 שַׁ בּ בּ תָּ בּ תָ

2 שָׁ בָּ תּ שַׁ ת תּ

3 בַּ שׁ ת שׁ בָּ בַּ

4 שַׁ בָּ תַ בָּ בַּ תָּ

5 תַ בָּ תָּ שַׁ תָּ שָׁ

6 בַּ שׁ ת בָּ שׁ בַּ

Reading Practice

Read aloud the word parts and words below.

1 בָּ בַּ בּ בַּ בָּ בּ

2 תָּ תַ תּ תָּ תַ ת

3 שַׁשׁ שַׁבּ שָׁת שָׁשַׁ שָׁבַּ שָׁתָּ

4 בַּשׁ תָּשׁ בַּת שַׁתַּ בָּשָׁ בַּת

5 שַׁבַּשׁ תָּשַׁבּ תַּבָּשׁ תַּבַּת בַּשָׁת

6 שַׁבַּבּ בַּתָּבּ תָּתַּבּ בַּבָּת תַּבַּת

7 תַּבָּת שַׁבַּתָּ בַּשָׁת בַּשָׁשׁ בַּבָּת

8 שַׁבָּת שַׁבָּת שַׁבָּת שַׁבָּת שַׁבָּת

Word Power

How many times did you read the word *Shabbat* above?_____________

CHALLENGE: Find and circle the Hebrew word above that completes this sentence: A boy becomes a Bar Mitzvah and a girl becomes a_________ Mitzvah.

Word Find

Read the sounds on each game board with a classmate. Find and circle the word שַׁבָּת on each game board. Look across, down, and diagonally.

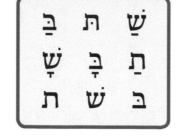

תָּ	שַׁ	בָּ
שׁ	בָּ	תַּ
בַּ	ת	שַׁ

בַּ	תּ	שַׁ
שָׁ	בָּ	תַּ
ת	שׁ	בּ

בַּ	שׁ	ת
שׁ	בַּ	תָּ
ת	בָּ	שַׁ

Name Game

Say the sound of each Hebrew letter. Then circle its name.

BET	SHIN	TAV	שׁ
TAV	BET	SHIN	ת
SHIN	TAV	BET	בּ
BET	TAV	SHIN	תּ

שַׁמָּשׁ

Shamash, Helper

מ

Sound the Symbols

Say the name and sound of each letter you have learned.
Then say the sound of each vowel.

בּ ת תּ שׁ

◌ַ ◌ָ

Reading Practice

Read these lines.

מ

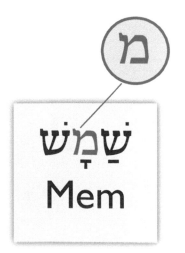

שַׁמָּשׁ

Mem

1 מ מָ מ מָ מ מַ

2 מַ בּ ת תָּ מָ שָׁ

3 מַ מָ שׁ שַׁ מָ שׁ

4 בַּמָ מָשׁ בָּשָׁ מַב

5 מַמ שַׁבָּ שַׁמָ מַשׁ

Reading Practice

Read aloud the word parts and words below.

1 שַׁמָ מָשׁ מַמָ מָשׁ שַׁבָּ בָּת

2 מַשׁ מַבּ מָת מַמַ מַתַּ מַבָּ

3 בַּמַ שָׁמָ תָּמָ בַּת בָּמָ תַמַ

4 מָשַׁבּ מָתַּשׁ מַבַּת מַמַת בָּמָשׁ

5 תָּמַשׁ שַׁבָּת תַּמַת מַבָּשׁ מָשַׁשׁ

6 שַׁבָּת שַׁמָשׁ מָתָשׁ מָשַׁשׁ שַׁמָשׁ

7 שַׁמָ שַׁמָשׁ שַׁבָּ שַׁבָּת שַׁמָשׁ

8 שַׁבָּת שַׁמָשׁ שַׁבָּת שַׁמָשׁ שַׁבָּת

Word Power

In the lines above, read and circle the Hebrew word for the helper candle on the *hanukkiyah*. How many words did you circle? ______________

Describe one way a Hanukkah candle is similar to a שַׁבָּת candle and two ways it is different.

Similar:

1 ____

Different:

1 ____

2 ____

Two of a Kind

On each line:

1 Say the sounds of the letters.
2 Circle the two identical letters.
3 Write the name of the letter you circled.

1 שׁ בּ ת מ שׁ ______________

2 שׁ מ תּ מ בּ ______________

3 בּ תּ מ תּ שׁ ______________

4 מ בּ שׁ ת בּ ______________

5 מ שׁ ת בּ ת ______________

Chunk It

Draw an arch over each syllable in the words below.

שַׁמָּשׁ   שַׁבָּת   בַּת   מָשַׁשׁ

Now read the words to a partner.
Check off each word when you read it correctly.

Tic-Tac-Toe

Play tic-tac-toe with a friend.
Read the sounds correctly to mark an X or an O.

1

תָ	שׁ	בַּ
שׁ	תָּ	מ
תּ	מָ	בּ

2

תּ	בּ	מָ
שַׁ	תַ	בָּ
תָּ	מ	שָׁ

3

תַּ	בָּ	שָׁ
מ	ת	מָ
שׁ	בַּ	תָ

כַּלָה

Bride

ל כּ ה

Sound the Symbols

Say the name and sound of each letter you have learned.
Then say the sound of each vowel.

בּ ת תּ שׁ מ

ַ ָ

Reading Practice

Read these lines.

1 לַ לָ ל לָ ל לַ

2 לָ לַ ל מַ מָ מ

3 לָ בָּ תַ שַׁ מָ תָ

4 לַבַּ לַשׁ לָמָ תַּל

5 בַּל לַתַ שָׁל מַל

ל

כַּלָה

Lamed

Tongue Twisters

Take the challenge and read these tongue twisters aloud.

1 מַמַ מַלָ לָלָ לַמ מַל

2 שָׁבַּ בַּלָ לַבּ בַּלָ בַּשָׁ

3 תָּתַ לַתַּ לַבָּ שָׁתַ לָשׁ

4 בָּמַ בַּת שַׁבּ תַּמ שָׁמָ

5 לָמַ תָמַ שָׁלַ בָּל מַל

Reading Practice

Read these lines.

1 כַּ כָּ כּ כָּ כַּ כּ

2 כַּ בָּ ל ת שַׁ מַ

3 בָּ כַּ ת בָּ כַּ מ

4 כַּלָ כַּמָ מַכּ בַּכַּ

5 כַּשָׁ בַּכּ לַכָּ כַּתַּ

כּ

כַּלָה

Kaf

Search and Circle

Read aloud the Hebrew sounds on each line. Circle the Hebrew that sounds the same as the English in the box. Say the name of the circled letter.

1 LAH — כּ תַּ שׁ לַ בַּ

2 M — מָ מ ת כּ ל

3 TAH — שַׁ בַּ מַ תַּ מ

4 K — כַּ שׁ מ כּ תּ

5 SHAH — שַׁ בַּ שׁ בּ מַ

Reading Practice

Read these lines.

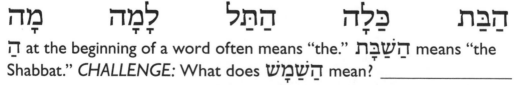

ה
כַּלָּה
Hay

1 הַ הָ ה הַ ה הָ

2 הַ כַּ לָ מָ שַׁ הָ

3 הַכָּ הַמַ הַשָׁ הַתַּ

4 הַשׁ הַבַּ כַּלָ שַׁבָּ

Ending and Beginning

The letter ה (*hay*) is pronounced "h," but when ה comes at the end of a word and has no vowel under it, it has no sound. Read these words aloud. Circle each ה that has no sound.

הַבַּת כַּלָּה הַתַּל לָמָּה מָה

הַ at the beginning of a word often means "the." הַשַּׁבָּת means "the Shabbat." *CHALLENGE:* What does הַשַּׁמָּשׁ mean? ______________

Reading Practice

Read aloud the word parts and words below.

1 בַּ הָ תָּ הַ כַּ הָ

2 הַל הָבּ הַתּ הָשׁ הָת הַהָ

3 בָּה תָּה שַׁה לָה מַה הַה

4 תָּלָה בָּמָה לָשָׁה כַּמָה שַׁבָּת

5 לָמָה מַכָּה שָׁמָה כַּלָה לָשָׁה

6 הַבַּת הַשַׁמָשׁ הַשַׁבָּת הַמָשָׁל הַכַּלָה

7 כַּלָה הַכַּלָה מַכָּה כַּמָה לָמָה לָשָׁה

8 שַׁבָּת הַכַּלָה שַׁבָּת הַכַּלָה שַׁבָּת הַכַּלָה

Word Power

Read and circle the Hebrew phrase above for the Shabbat bride, שַׁבָּת הַכַּלָה. How many times did you read the phrase for the Shabbat bride? _____

Think about it: In what ways is Shabbat like a bride?

Rhyme Time

Read aloud the Hebrew words on each line. Circle the two rhyming words. Now read the rhyming words aloud.

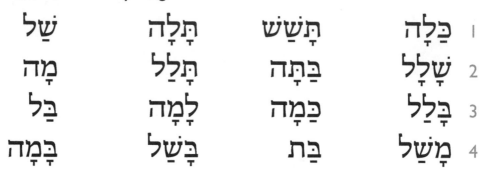

1	כַּלָה	תָּשַׁשׁ	תָּלָה	שַׁל
2	שָׁלָל	בַּתָּה	תָּלַל	מָה
3	בָּלַל	כַּמָה	לָמָה	בַּל
4	מָשַׁל	בַּת	בָּשַׁל	בָּמָה

Word Match

Draw a line to connect the Hebrew to its English meaning.
Read each Hebrew-English match aloud.

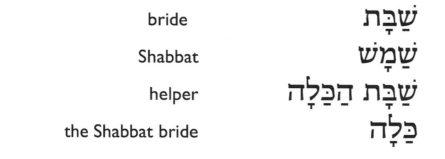

bride	שַׁבָּת
Shabbat	שַׁמָשׁ
helper	שַׁבָּת הַכַּלָה
the Shabbat bride	כַּלָה

Word Play

Read the first word part (for example, שַׁ). Then read the second word part (בָּת). Finally, read the whole word (שַׁבָּת).

1	שַׁ	בָּת	שַׁבָּת
2	הַ	בַּת	הַבַּת
3	מָ	שַׁשׁ	מָשַׁשׁ
4	כַּ	לַת	כַּלַת
5	מָ	לַל	מָלַל
6	תָּ	לַשׁ	תָּלַשׁ

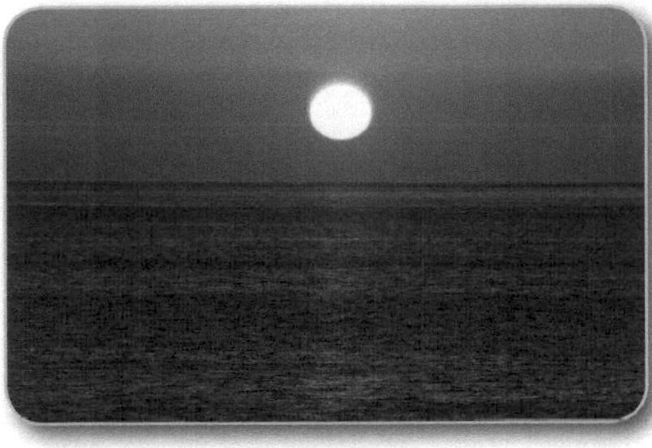

בְּרָכָה

Blessing

ר כ ◌ְ

Sound the Symbols

Say the name and sound of each letter you have learned.
Then say the sound of each vowel.

בּ ת תּ שׁ מ ל כּ ה

◌ַ ◌ָ

Reading Practice

Read these lines.

ר

בְּרָכָה

Resh

1 רַ רָ רְ רְ רַ ר

2 בְּ תְּ שְׁ מְ לְ כְּ

3 רַ רְ בְּ בַּ שָׁ שְׁ

VOWEL HINT: When ◌ְ appears under the *first letter* of a word, it makes the shortest sound possible (like "a" in *alone*). Sometimes you can hardly even hear it: בְּרָכָה

Name Tag

Circle the name of each Hebrew letter.
What sound does each letter make?

HAY	TAV	SHIN	תּ	1
SHIN	KAF	BET	בּ	2
RESH	HAY	TAV	ר	3
HAY	SHIN	BET	שׁ	4
KAF	HAY	TAV	ה	5
MEM	SHIN	LAMED	ל	6
LAMED	KAF	BET	כּ	7
MEM	LAMED	TAV	מ	8

Reading Practice

Read these lines.

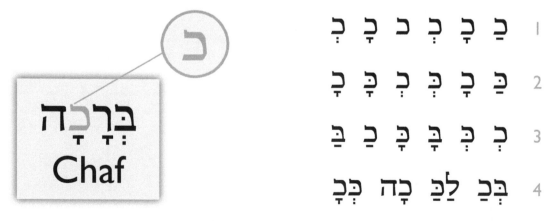

כ
בְּרָכָה
Chaf

כַ כָ כְ כ כָ כְ 1

כַּ כָ כְּ כְ כָּ כָ 2

כְ כְּ בָּ כָּ כַ בַּ 3

בְּכַ לַכַּ כָה כְּכָ 4

VOWEL HINT: When ◌ְ appears in the *middle* of a word, it usually makes no sound. *It stops the syllable:* מַלְכָּה

Reading Practice

Read aloud the word parts and words below.

1 מָכַ בָּכָ כָּכָ רָכַ תָּכָ לְכָ

2 כָה מָכַ כָּכָ כַבָּ כַּת כַשְׁ

3 רַכְ כָּמְ שַׁכְ כַּר תַּכַ בַּר

4 בָּכָה כָּכָה רַכָּה מָכַר שָׁכַר כַּלַת

5 כַּלָה כָּהָה כַּמָה מַכָּה רָכַשׁ לַכַּת

6 בָּכַת כָּכַת כָּרָה לְכָה תָּכָה לָכַשׁ

7 בָּכְתָה הַתָּכָה כָּרַכְתָּ מָכְרָה הָלַכְתָּ

8 הָלַכְתָּ בְּרָכָה בְּרָכָה הָלְכָה מָשְׁכָה

Word Power

In the lines on page 19, read and circle the word בְּרָכָה.

How many times did you circle בְּרָכָה? ____________________

What does בְּרָכָה mean in English? ____________________

Name three occasions on which a בְּרָכָה is recited.

1 ____

2 ____

3 ____

Hear Me Out

Circle the English letter that has the sound of the Hebrew letter in the box. The first one is done for you.

SH R ל L T	H T שׁ SH M	(B) S בּ K T
R T תּ SH H	K B ר L R	H K כּ M T
B R ה H L	M L ת R T	K M מ SH T

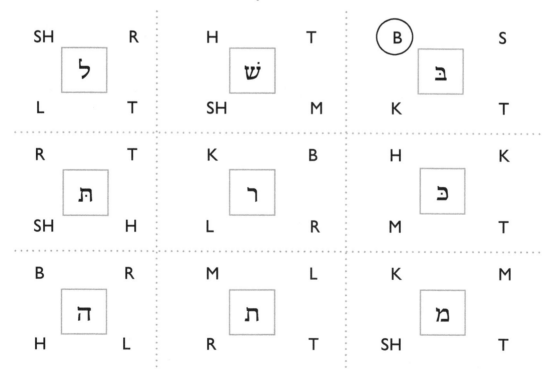

5

הַבְדָלָה

Havdalah, Separation

ב ד ◌ֲ

Sound the Symbols

Say the name and sound of each letter you have learned.
Then say the sound of each vowel.

בּ ת תּ שׁ מ ל כּ ה ר כ

◌ַ ◌ָ ◌ְ

Reading Practice

Read aloud these lines.

1 בַ בָ בְ בָ בַ בְ

2 הֲ הַ בַ בַּ בְ בְּ

3 כַ בַ כְ בְ כ ב

4 לַב רַב הֲלָ שָׁב

5 לְבַת רָכַב שָׁבַר שָׁבְתָ

ב

הַבְדָלָה

Vet

Bet-Vet, Kaf-Chaf Karate

Watch out for the look-alike letters as you read each line aloud.

1 בָּ כָּ כַ בַ בָּבּ כְּמַ כַּמַ

2 בְכָ כַּכָ כַּכַּ בַב כָּבְ בְּכָ

3 כָּתַב כָּתְבָה בָּכָה כָּתַבְתָּ בָּה

4 מַלְכָּה מַלְכַּת כַּלָה מָלַכְתָּ מָלַכְתְּ

5 הַבְּרָכָה בָּכְתָה לְכָה רַבָּה כָּמָה

In the lines above, read and circle the Hebrew word for *queen:* מַלְכָּה.

Reading Practice

Read these lines.

ד
הַבְדָלָה
Dalet

1 דַ דָ דְ דַ דְ ד

2 הֲ רַ דְ רְ כָ דָ

3 דַ רַ דָ רָ ד ר

4 דָר דַבְ בְּדַ הַבְדָ

Reading Practice

Read aloud the word parts and words below.

1 דָד דָר בַּד בַּר דָשׁ רָשׁ

2 דָשׁ דַת דַל דָה דָר דָב

3 מַד כַּד בַּדָ שַׁדָ הַד רַד

4 דָלָה דָבָר דְבַשׁ לָמַד הָדָר דָרָה

5 לְבַד דָהָה דָרַשׁ שָׁדַד דָשָׁה מָדַד

6 הֲבָרָה הֲדָרָה הֲלָכָה דְמָמָה הֲמָרָה

7 כָּתְבָה לָבַשְׁתָּ לָמְדָה דָרַכְתָּ מָדְדָה

8 הַבְדָלָה דְרָשָׁה הֲלָכָה בְּרָכָה הַבְדָלָה

Word Power

In the lines above, read and circle the Hebrew word for *honey:* דְבַשׁ.
On which holiday do we eat apples with דְבַשׁ? ________________

CHALLENGE: Read and underline the Hebrew words for *havdalah*—הַבְדָלָה—and for *blessing*—בְּרָכָה.

Word Find

Read all the sounds on each game board. Find and circle the word that appears above each game board. Look from right to left, up and down, and diagonally.

1 בְּרָכָה

ל	הֲ	בְּ
תּ	רָ	כַּ
כָה	בְ	דַ

2 הַבְדָּלָה

שְׁ	הַבְ	רַ
בָּ	דָ	מ
תַּ	לָה	שַׁ

3 שַׁבָּת

כ	מ	דַ
ת	לְ	בַ
ת	בָּ	שַׁ

Sounds Like

Circle the Hebrew sound on each line that is the same as the Hebrew in the box.

1	הָבָ	תַבַ	הַבַ	הָרָ
2	בַּד	בָּדְ	בַּרְ	כַּד
3	רָשָׁה	דָשָׁה	רָתָה	רָשַׁ
4	כָּכְ	כַּכְ	בָּבְ	כַּבְ
5	דָבָר	דָבַה	רָבָד	דַבַר
6	בָּלָה	כַּלָה	בַּל	בָּלָה

Word Play

Read the first word part (for example, שָׁ).
Then read the second word part (בַל).
Finally, read the whole word (שָׁבַל).

1	שָׁ בַל	שָׁבַל
2	כַּ לָה	כָּלָה
3	שָׁבְ רָה	שָׁבְרָה
4	לָמְ דָה	לָמְדָה
5	בָּכְ תָה	בָּכְתָה
6	רָ מָה	רָמָה
7	תָּ הָה	תָּהָה
8	הַכְ בָּרָה	הַכְבָּרָה
9	דָ בָר	דָבָר
10	בְּרָ כָה	בְּרָכָה
11	רָ כַשְׁתְּ	רָכַשְׁתְּ
12	מָ רַר	מָרַר

Move It and Use It

Read each Hebrew word below. Then write or draw the English meaning on the line below the word.

דְבַשׁ ________ שַׁבָּת ________ כַּלָה ________ שַׁמָשׁ ________

מַלְכָּה ________ הַבְדָלָה ________ בְּרָכָה ________

CHALLENGE: Can you use each Hebrew word in an English sentence?
Example: We welcome שַׁבָּת by lighting candles.

וְאָהַבְתָּ

You Shall Love

ו א

Sound the Symbols

Say the name and sound of each letter you have learned.
Then say the sound of each vowel.

בּ ת תּ שׁ מ ל כּ ה ר כ ב ד

ַ ָ ְ ֲ

Reading Practice

Read these lines.

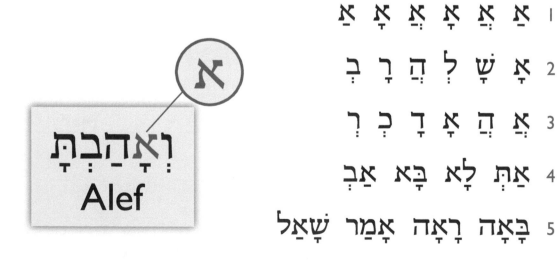

1 אַ אֲ אָ אֲ אָ אַ

2 אָ שָׁ לְ הֲ רָ בְ

3 אֲ הֲ אָ דָ כְ רְ

4 אַתְּ לָא בָּא אַבְ

5 בָּאָה רָאָה אָמַר שָׁאַל

א

וְאָהַבְתָּ

Alef

Reading Practice

Read these lines.

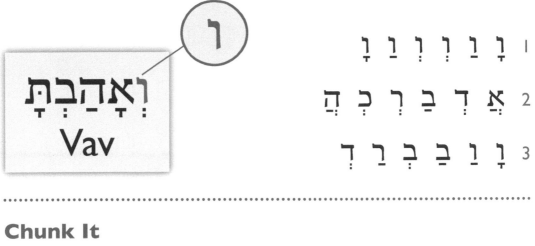

ו

וְאָהַבְתָּ

Vav

1 וָ וַ וְ וְ וַ וָ

2 אֲ דְ בַ רְ כְ הֲ

3 וָ וַ בַ בְ רַ דְ

Chunk It

Draw an arch over each syllable in the words below.

כַּלָּה הַבְדָּלָה אַבָּא אָמְרָה בָּרָא

אָבְדָה אֲדָר אֲדָמָה אַתָּה אָכְלָה

Now read the words to a partner. Check off each word when you read it correctly.

Word Match

Draw a line to match the Hebrew to its English meaning.
Read each Hebrew-English match aloud.

Shabbat	בְּרָכָה	1
blessing	וְאָהַבְתָּ	2
you shall love	שַׁבָּת	3
havdalah, separation	כַּלָּה	4
helper	הַבְדָּלָה	5
bride	שַׁמָּשׁ	6

Reading Practice

Read aloud the word parts and words below.

1 דָוַ שָׁוָ תָּוָ שְׁוָ וָלָ וְהָ

2 וָו וָה וַת וַר וַדָ וָאָ

3 לָוָ מַוָ כְּוַ הָוָ תָּו בַּוְ

4 דָוַר שָׁוָה תָּוָה אַוָה לָו אָבָה

5 אֲתַר דָוָה הָוָה שְׁוָא וָלָד דְבַשׂ

6 אֲשָׁרָה אַדְוָה רַאֲוָה וְאַתָּה וְאָהַב

7 אָבְדָה שַׁלְוָה וְאָכַל מְלַוָה הַדָבָר

8 וְהָלַכְתָּ וְאָהַבְתָּ וְאָמַרְתָּ וְלָמַדְתָּ וְאָהַבְתָּ

Word Power

The Hebrew word וְאָהַבְתָּ (you shall love) is the first word of one of our most important prayers. The וְאָהַבְתָּ tells us to love God. Find and circle וְאָהַבְתָּ above.

What do you think it means to love God?

____

____

Read and Understand

You already know the meaning of some of these Hebrew words. Read all the words aloud. Put a check next to words that are familiar.
CHALLENGE: Pick two new words to read and understand.

בַּת daughter	תָּמָר date	מַר Mr.	שָׁר sings	בַּר son
רַב rabbi	שַׁבָּת Shabbat	רַבַּת many	שָׁת put	דַּת religion
שָׁמַר guarded	שָׁבַר broke	דָּבָר thing	שָׁב returned	בַּד linen
בָּרָד hail	מָשָׁל proverb	לָמַד studied	לָבַשׁ wore	שַׁמָּשׁ helper
בְּרָכָה blessing	כַּלָּה bride	דְּבַשׁ honey	הַבְדָּלָה separation	דָּרַשׁ explained
לָמָּה why	מַלְכָּה queen	וָו hook	רָאֲתָה she saw	בָּכָה cried

Silent Partner

Cross out the letter in each pair that makes no sound.
Write the sound of the other letter.

1 בּ א ___
2 א מ ___
3 א תּ ___
4 ת א ___
5 כּ א ___
6 ר א ___
7 א שׁ ___
8 א ל ___
9 ה א ___
10 ב א ___
11 א ד ___
12 כ א ___

7

צְדָקָה

Justice

ק צ

Sound the Symbols

Say the name and sound of each letter you have learned.
Then say the sound of each vowel.

בּ ת תּ שׁ מ ל כּ ה ר כ ב

ד א ו

◌ַ ◌ָ ◌ְ ◌ֲ

Reading Practice

Read these lines.

1 קַ קְ ק קָ קְ קַ

2 קַ רַ כְּ קְ כְ וְ

3 קַ קְ כַּ כְּ הֲ אֲ

4 קַו רַקְ קָרָ בַּקְ

5 קְרַב רָקַד דָקָה שָׂקַל

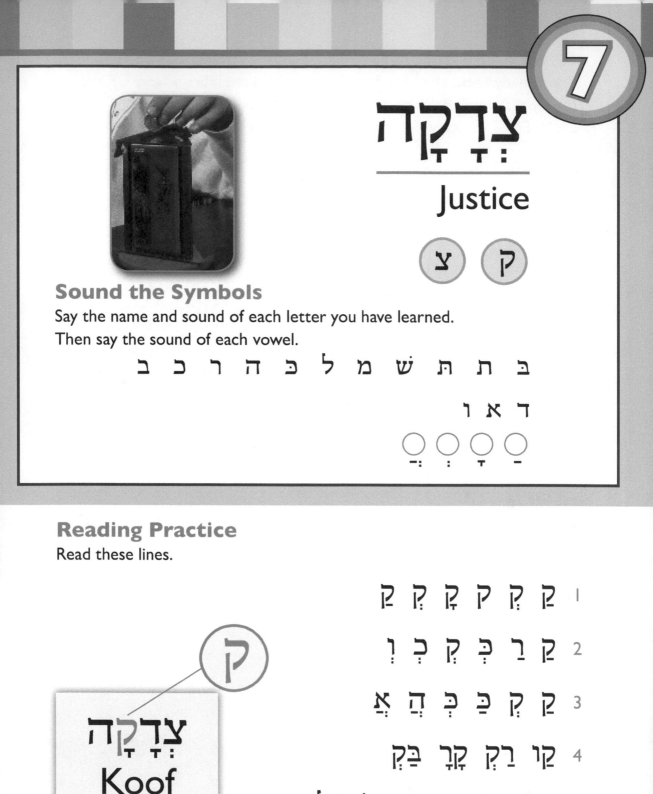

ק

צְדָקָה

Koof

Reading Practice

Read these lines.

צ

צְדָקָה
Tzadee

1 צַ צְ צָ צ צַ צְ

2 קַ צַ קְ כְּ צְ לְ

3 צַ צְ קַ קְ כְּ דְ

4 צַרְ רָצָ וְקַ בַּקְ

5 קָשַׁרְ קָצַר בְּצַד רָצְתָּ

Move It and Use It

In modern Hebrew וְ at the beginning of a word means "and." Draw a קַו (line) from each Hebrew phrase to its matching picture(s). Look to see if there is רַק (only) one item or if there is one item וְ (and) a second item.

כַּלָּה וְשַׁבָּת

מַצָּה

רַק הַבְדָּלָה

הַבְדָּלָה וְשַׁבָּת

רַק צְדָקָה

Reading Practice

Read aloud the word parts and words below.

1 צַו צָב צַר צַד צָה צָל

2 כְּצַ בָּצַ אָצָ מַצָ קָצַ רָצָ

3 אָכָה צָדַק כְּצַד בָּצַר אָצָה צָרָה

4 צָבָא צָבַּר קָצַר צְבָת בָּצָל מָצָא

5 מַצָה קְצַת קַצָב מַצָב הַצָב אָצַר

6 מָצָא צָלָה צָמַד מַצָה אָצְתָּ צָמָא

7 וְרָצָה וְאָצַר צָרַמְתְּ צַוָאר צָוְאָה

8 צְדָקָה בָּצַרְתָּ מָצָאתָ צָדַקְתָּ צְדָקָה

Word Power

Can you find these Hebrew words above? Circle, then read them.

justice צְדָקָה matzah מַצָה

The word צְדָקָה is also used for giving to those in need.
What is a connection between justice and giving to those in need?

Stop and Go

With a partner, read all of the words aloud. At the beginning of a word, ◌ְ always makes a short "UH" sound. It lets you GO. See the example in the box on line 1.

Sometimes ◌ְ has no sound. It tells you to STOP. See the circled example on line 2. Put a box around the words in which ◌ְ makes a short "UH" sound. Circle the words in which ◌ְ tells you to stop.

1	צְדָקָה	צָדַקְתָּ	בְּרָכָה	בָּצַרְתָּ
2	הַבְדָלָה	אָהַבְתָּ	מְלַוָּה	דְּבַשׁ
3	וְרָצָה	לְבַד	לָבַשְׁתָּ	בְּכִי

Sound Off

Say the name of the Hebrew letter in each box. Circle the English letter that makes the same sound as the Hebrew letter.

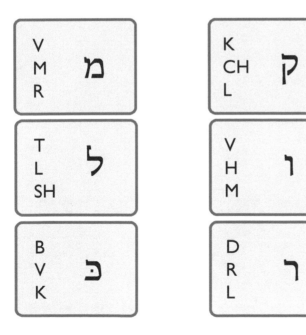

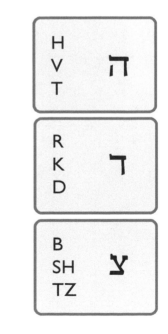

Hebrew letter	Choices
מ	V, M, R
ק	K, CH, L
ה	H, V, T
ל	T, L, SH
ו	V, H, M
ד	R, K, D
כּ	B, V, K
ר	D, R, L
צ	B, SH, TZ

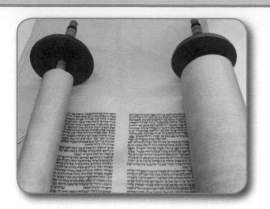

מִצְוָה

Commandment

Sound the Symbols

Say the name and sound of each letter you have learned.
Then say the sound of each vowel.

בּ ת תּ שׁ מ ל כּ ה ר כ ב
ד א ו ק צ

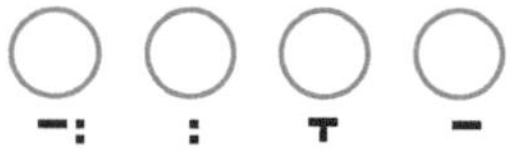

Reading Practice

Read these lines.

מִצְוָה

1 בִּ תִּ מִ הִ וִ אִ

2 דִי כִ רִ כִּי לִי צִ

3 וִי מִי לִי כִּי בִּי אִי

4 דִיל רִמְ הִיא לִיק

5 בִּקְךָ מִרְמָ דִבֲּרְ צִיל

Reading Practice

Read aloud the word parts and words below.

1 מִק צַדִי לְבִי אֱוִי דָוִ בְּרִי

2 שִׁשָׁה הִכָּה בִּיב שְׁמִי צִיר הֲכִי

3 הִיא אִישׁ אִשָׁה אִמָא בְּכִי בְּלִי

4 רַבִּי אֲוִיר דָוִד בִּימָה דָתִי תִּיק

5 שִׁירָה תִּירָא רִמָה קְרִיאָה לְבִיבָה קָצִיר

6 צַדִיק בְּרִיאַת קַדִישׁ אָבִיב קְהִילָה מִקְרָא

7 צִיצִית בְּרִית מִילָה תִּקְוָה הַתִּקְוָה

8 מִצְוָה הַמִצְוָה בַּר מִצְוָה בַּת מִצְוָה

Word Power

Can you find these Hebrew words above? Circle, then read them.

knotted fringes	צִיצִית	bar mitzvah	בַּר מִצְוָה
commandment	מִצְוָה	bat mitzvah	בַּת מִצְוָה
Kaddish	קַדִישׁ	the Hope, Israel's national anthem	הַתִּקְוָה

A בַּר מִצְוָה or בַּת מִצְוָה often wears a tallit.The tallit has knotted fringes on its four corners.

Move It and Use It

Stand and read each of the following words aloud. Take a step קָדִימָה (forward) when you read a word correctly.

1 צִיצִית בִּימָה לְבִיבָה מַצָה

2 לְהַדְלִיק צְדָקָה דְבַשׁ מִדְבַּר

3 אָבִיו מַצִיל אִשָׁה מִצְוָה

Draw a קַו (line) under the food we eat on Passover.

Dalet-Resh Race

Take turns reading the lines. Watch out for the look-alike letters!

1 דַ דָ דִ דִי דִ דָ דִי דַ

2 רַ רִי רָ רִ רִי רִ רָ רַ

3 דָקָ רִיב רָב דִית רַד

4 דָר קָרָא תָּמִיד מִדְרָשׁ

Put It Together

Choose a partner. Together or one at a time, read the word parts and then the whole words in the boxes below.

4	3	2	1
הַתִּק וָה	דִב רָה	מִצ וָה	מַב דִיל
הַתִּקוָה	דִברָה	מִצוָה	מַבדִיל
הַתִּקְוָה	דִבְרָה	מִצְוָה	מַבְדִיל

שְׁמַע

Hear

ע

Sound the Symbols

Say the name and sound of each letter you have learned.
Then say the sound of each vowel.

בּ ת תּ שׁ מ ל כּ ה ר כ ב

ד א ו ק צ

◌ַ ◌ָ ◌ְ ◌ֱ ◌ִ ◌ִי

Reading Practice

Read these lines.

1 עַ עָ עֱ עִ עִי עָ

2 עַ אַ הַ עֱ אֱ הֱ

3 עִי צִי קִי אֱ הֱ עֱ

4 עָב עָשׂ עִב מַע בַּע

5 צַעֲ קְעָךָ אַת עִיר עָלָה

ע

שְׁמַע

Ayin

Reading Practice

Read aloud the word parts and words below.

1 עָשִׂי עָתִי עָבַ צָעִי מַע דַעַ

2 עַל עָבָ עַד רַע עִיר עַר

3 וַעַד דַעַת עַתָּה רַעַשׁ בַּעַל עָבַר

4 שְׁמַע רָעָב צָעִיר תָּקַע עִמָּה שָׁעָה

5 רָקִיעַ עָתִיד עָשִׁיר אַרְבַּע עָתִיק עִבְרִי

6 עִבְרִית מַעֲרִיב תְּקִיעָה עֲמִידָה קְעָרָה

7 שַׁעֲוָה עָבַדְתִּי שִׁבְעָה עֲתִיקָה עֲמִידָה

8 שְׁמַע תִּשְׁמַע שְׁמִיעָה קְרִיאַת שְׁמַע

Word Power

In the lines above, find and circle the names of two important prayers, the שְׁמַע and the עֲמִידָה. Why do you think it is traditional to cover our eyes when we say the שְׁמַע and to stand when we say the עֲמִידָה?

CHALLENGE: This year you are learning to read עִבְרִית (Hebrew). Can you find and underline this word above?

Checkout Line

Put a ✓ on each line where the two word parts sound the same.
Put an X on the line if they sound different.

1 ___ עִ עִי   2 ___ צְ עְ   3 ___ עִ אִי   4 ___ קִ כִּי

5 ___ וָ רָ   6 ___ צַ אָ   7 ___ דִי רִ   8 ___ אֲ עַ

Word Link

Read the words to a partner. Draw a line from word to word as you read each one correctly.

1 מָכַרְתָּ לָמַד קַדִּישׁ הַתִּקְוָה קָצִיר

2 שִׁירָה רַבִּי מִילָה לָבַשׁ אִשָּׁה

3 מָשָׁל צִיצִית עָתִיד דַּעַת צַדִּיק

Word Play

Form a group of three. The first person reads the first word part (עֲרָ). The second person reads the second word part (בָה). The third person reads the whole word (עֲרָבָה). Continue in that way.

1 עֲרָ בָה עֲרָבָה

2 לְמַעְ לָה לְמַעְלָה

3 מַלְ בִּישׁ מַלְבִּישׁ

4 לְהַרְ עִישׁ לְהַרְעִישׁ

5 תְּקִי עָה תְּקִיעָה

6 בְּקִרְ בִּי בְּקִרְבִּי

נָבִיא

Prophet

נ ן

Sound the Symbols

Say the name and sound of each letter you have learned.
Then say the sound of each vowel.

בּ ת תּ שׁ מ ל כּ ה ר כ ב

ד א ו ק צ ע

◌ַ ◌ָ ◌ְ ◌ֲ ◌ִ ◌ִי

Reading Practice

Read these lines.

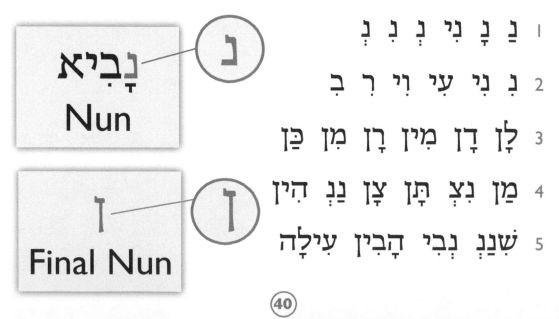

נָבִיא
Nun
נ

ן
Final Nun
ן

1 נַ נָ נִי נְ נִ נְ

2 נִ נִי עִי וִי רִ בִ

3 לָן דָן מִין רָן מִן כַּן

4 מַן נִצְ תָּן צָן נַנְ הִין

5 שִׁנַנְ נְבִי הָבִין עִילָה

Reading Practice

Read aloud the word parts and words below.

1 נָן נָו נְעִי קַן בִּין

2 נִין לָן דָן מָן שִׁין רָן

3 דִין בְּנִי עָנִי נָקִי אֲנִי נָא

4 שָׁנָה לָבָן עָנָו רִנָה עָנַד נַעַר

5 נָבִיא בִּינָה נְשָׁמָה מִשְׁנָה נְעָרָה

6 מַאֲמִין שְׁכִינָה כַּוָנָה נְעִילָה מַרְבִּין

7 רַעֲנָן מִשְׁכָּן לְהָבִין קַנְקַן לַמְדָן

8 נָבִיא מְדִינָה מַה נִשְׁתַּנָה נָבִיא

Word Power

Find and circle this Hebrew word above: נָבִיא (prophet).

CHALLENGE: At the Passover seder, the youngest child asks the Four Questions. Find and circle the two Hebrew words in the lines above that introduce the Four Questions. Now read all the circled words.

Move It and Use It

Read the words aloud.

1 Put a קַו (line) under the name of a character in the Purim story.

2 Put a square around the word for the platform in the synagogue where we read the Torah.

3 Circle the word for gragger. *Hint:* It is built on the root letters רעשׁ (noise).

4 The colors of the Israeli flag are כָּחוֹל וְלָבָן (blue and white). Draw an Israeli flag above the word for *white* below.

1 אָבְדָה צָבַּר לְהָבִין צְעִירָה רַעֲשָׁן

2 הָמָן עָבְדָה לָבָן לָמַד קָרָא

3 כָּתַב לְמַעְלָה מָשָׁל מְעִיל בִּימָה

Making Meaning

Write the English meaning below each of the Hebrew words or word parts.

prophet	helper	separation	and	Shabbat
blessing	bride	hear	justice	commandment

1 נָבִיא ______ 2 שַׁבָּת ______ 3 צְדָקָה ______ 4 כַּלָּה ______ 5 שַׁמָּשׁ ______

6 הַבְדָלָה ______ 7 מִצְוָה ______ 8 וְ- ______ 9 בְּרָכָה ______ 10 שְׁמַע ______

11

חַלָה

Challah

ח

Sound the Symbols

Say the name and sound of each letter you have learned.
Then say the sound of each vowel.

בּ ת תּ שׁ מ ל כּ ה ר כ ב

ד א ו ק צ ע נ ן

◌ַ ◌ָ ◌ְ ◌ֲ ◌ִ ◌ִי

Reading Practice

Read these lines.

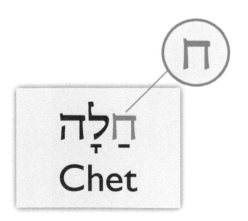

1 חַ חִ חִי חֲ חָ ח

2 כַ חַ כִי חִי כָ חָ

3 חִי הִי חֲ הֲ חָ הָ

4 חָשָׁ לָח חַמָ חִיד

5 חֲצִ נָחָ חִוִי בִּיח חֲבָ

ח

חַלָה

Chet

Reading Practice

Read aloud the word parts and words below.

1 חִכָּ חָבִי חָתָ בָּח אַח צָח

2 חָל חִיל חַד חָשׁ חִישׁ חִימִי

3 קַח צַח נָח לָח אָח חַוָה

4 חִכָּה שָׁכַח חָבִיב חֲבָל חָתָן לָקַח

5 חַלָה חָלִיל וְצָחַק אַחַת חָצִיר חָנָן

6 מִנְחָה חֲמִישָׁה שָׁלְחָה חִירִיק בָּחַרְתָּ

7 רַחֲמָן הָרַחֲמָן שַׁחֲרִית חֲתִימָה חֲדָשָׁה

8 הַחַלָה הַבְּרָכָה חַלָה לְשַׁבָּת הָרַחֲמָן

Word Power

Can you find these Hebrew words above? Circle, then read them.

the Merciful One (God) הָרַחֲמָן   braided bread חַלָה

CHALLENGE: Find the Hebrew word for *the blessing.*
Draw a קַו (line) under the word.

Hebrew Marathon

Watch out for the look-alike letters as you read each line.

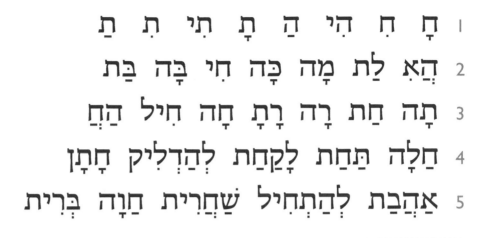

1 חָ חִ הִי הַ תָ תִי תִ תַ

2 הֲאִ לַת מָה כָּה חִי בָּה בַּת

3 תָה חַת רָה רָתָ חָה חִיל הַחֲ

4 חַלָּה תַּחַת לָקַחַת לְהַדְלִיק חָתָן

5 אַהֲבַת לְהַתְחִיל שַׁחֲרִית חַוָּה בְּרִית

Sounds Like

Draw a קַו (line) to connect each letter/vowel combination that sounds the same.

חֲ תִּי כְּ בְ עַ

תִ קְ כָ אֲ וִי

Baseball Rounds

With a partner, read a column of words to get on base. Read all three columns to score a home run.

Third Base	Second Base	First Base	
מַדְרִיכָה	עַרְבִית	בְּאַהֲבָה	1
שָׁכַח	חָבִיב	לְהַחְבִּיא	2
מִשְׁכָּן	שְׁכִינָה	כַּמָּה	3
בַּעַל	כַּוָּנָה	קַבָּלַת	4

12

עֲלִיָּה

Going Up

י

Sound the Symbols

Say the name and sound of each letter you have learned.
Then say the sound of each vowel.

בּ ת תּ שׁ מ ל כּ ה ר כ ב

ד א ו ק צ ע נ ן ח

ַ ָ ְ ֲ ִ ִי

Reading Practice

Read these lines.

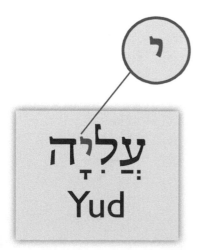

1 יַ יָ יִי יִ יְ יָ

2 יַ וַ יְ וְ יִי וִי

3 יָשָׁ יָר יִן יְשִׁי חַיִ יְדִי

4 יָבָּ יִשְׁ יְקָ יַחַ יָהִי יַלְ

5 יְשָׁנָ יָשְׁבָ יָשִׁי יְקָרָ נִיָּה

י

עֲלִיָּה

Yud

Reading Practice

Read the words below.

1 יָד יְהִי יַיִן יַמִי יָדִי יָמָה

2 שַׁיִשׁ יָשָׁן מִיָד נְיָר לַיִל הֲיִי

3 בַּיִת יָשָׁר יַעַר חַיָה עַיִן יָשַׁב

4 יָדַע אַיִל חַיָב יָחִיד יָקָר מַעְיָן

5 יְצִיר הָיָה יָוָן חַיִל יָצָא עֲדַיִן

6 יַחְדָו יִרְאָה יִצְחָק יַבָּשָׁה צִיַרְתָּי

7 עֲלִיָה כְּוִיָה יִוָכַח יַלְדָה יְדִיעָה

8 יְשִׁיבָה יִשְׁתַּבַּח הָיְתָה מִנְיָן עֲלִיָה

Word Power

Can you find these Hebrew words above? Circle, then read them.

aliyah, going up עֲלִיָה

ten Jewish adults needed for a prayer service מִנְיָן

CHALLENGE: Use the words עֲלִיָה and מִנְיָן in English sentences.

Reading Rules

When ◌ָ and ◌ַ are followed by the letter י at the end of a word, say "EYE" as in shy (שַׁי).

חַי דַי מָתַי בְּחַיַי

When ◌ָיו comes at the end of a word, the letter י is silent.

דְבָרָיו רַחֲמָיו עַכְשָׁיו עָלָיו נְעָרָיו

Yud Marathon

Take turns reading these lines.

1 אִי חִיל כִּי מִיָה

2 לְיַ יָדָ יְהִי יָדִי חַיִי

3 יָחִיד יָמָה יָרְדָה וַיְהִי יִצְחָק וַיְכַל

4 יָחַד יָצָא יָדְעָה יָדִית יְדִיד יָהִיר

Read and Understand

Read all the words aloud. Put a check next to those that are familiar to you.

יָרַד descended	יָשָׁר honest	עַל-יַד next to	יָרַשׁ inherited	עַיִן eye
שְׁמַע hear	יָד hand	דַיָן judge	יָמִינָה to the right	תַיָר tourist
מַדְרִיכָה counselor	אֲבָל but	יַיִן wine	לְהַצְבִּיעַ to point	לָדַעַת to know
חָדָשׁ new	שָׁעָה hour	מְדִינָה state	שָׁאַל asked	נְיָר paper

13

לְחַיִּים

To Life!

ם

Sound the Symbols

Say the name and sound of each letter you have learned.
Then say the sound of each vowel.

בּ ת תּ שׁ מ ל כּ ה ר כ ב

ד א ו ק צ ע נ ן ח י

◌ַ ◌ָ ◌ְ ◌ֲ ◌ִ ◌ִי

Reading Practice

Read these lines.

1 תָּם קָם צָם דָם אִם חַם

2 עַם שָׁם יָם בָּם רָם עִם

3 יִים תִּים רַיִם לִים הָם אִים

4 בָחִים שַׁרְתָּם לָעִים אֲשַׁם הֲנִים

ם

לְחַיִּים

Final Mem

Reading Practice

Read the words below.

1 הָלַם אַחִים עָלִים מִרְיָם בַּדִים תָּרַם

2 אִיִים שְׁנַיִם בָּתִּים אָדָם דַקִים מִצְרַיִם

3 חָכָם רַעַם יָמִים רַבִּים חַיִים דָמַם

4 בָּנִים מַיִם אָדָם שְׁתַּיִם מִלִים אָשָׁם

5 נָשִׁים שָׁמַיִם דְבָרִים יָדַיִם קָמִים עָלִים

6 אַבְרָהָם נְבִיאִים כְּרָמִים שִׁבְעִים אֲנָשִׁים

7 עִבְרִים רַחֲמִים יְלָדִים צַדִיקִים מְלָכִים

8 עֲבָדִים יְצִיאַת מִצְרַיִם לְחַיִים

Word Power

Can you find these Hebrew words above? Circle, then read them.

boys, sons בָּנִים　　　to life לְחַיִים

the Exodus, going out from Egypt יְצִיאַת מִצְרַיִם

CHALLENGE: How many בָּנִים are in your class? _____

Chet Tav Stretch

Stretch across. Read lines 1 through 4.
Stretch down. Read columns A through D.

D	C	B	A	
חַיִּים	תִּרְצַח	תַּעֲנִי	חַלָּה	1
חָבַק	חֲבָל	תַּחַת	חָבַב	2
הַחֲרָשָׁה	תֵּשְׁבִי	צָרַחְתָּ	צָחֲקָה	3
תִּשְׁמַע	קָרָאתָ	לַחַן	אַחֲרָיו	4

Rhyme Time

Read aloud the Hebrew words on each line. Circle the two rhyming
words. Now read the rhyming words aloud.

מַיִם	כָּרִישׁ	קָנָה	קַדִּישׁ	1
כַּוָּנָה	בְּרִית	מַתָּנָה	הָרַחֲמָן	2
הַמִּינִים	עָלָה	כַּלָּה	עִם	3
צַיָּר	צְדָקָה	שָׁם	תַּיָּר	4
דָּן	מִן	דַּיָּן	דִּין	5

CHALLENGE:
1. In "Rhyme Time," circle the word for *justice* or *helping those in need*.
2. Put a check ✓ above the word for *bride*.

Loud and Louder

When ◌ְ appears in the middle of a word, it usually ends a syllable and has no sound.

When ◌ְ appears under the first letter in a word it makes a short "UH" sound.

Read the lines below with a partner. Read the first word softly, then read the next words louder and louder.

1 שְׁבָרִים נִשְׁמָתִי מִצְוָה דִּבַּרְתָּ הַבְדָּלָה

2 וְקַיָּם נְבִיאִים בְּרָכָה מִנְיָן עִבְרִית

3 שְׁמִי לַחְמִי דְּבָרִים מִשְׁכָּן אַבְרָהָם

4 יְלָדִים בִּנְיָמִן קְצַת מִרְיָם תְּהִלָּה

Making Meaning

Read aloud the Hebrew words in each line. Circle the word that has the same meaning as the English in the box.

1 blessing — בְּרָכָה חַלָּה הַבְדָּלָה שַׁמָּשׁ

2 to life — מִצְוָה חָכָם עֲבָדִים לְחַיִּים

3 hear — נָבִיא בָּנִים שְׁמַע שְׁתַּיִם

4 going up — מִצְרַיִם עֲלִיָּה עַיִן יְצִיאַת

5 justice — יְלָדִים שָׁמַיִם צְדָקָה יְשִׁיבָה

14

תּוֹרָה

Torah

◌וֹ ◌ֹ

Sound the Symbols

Say the name and sound of each letter you have learned.
Then say the sound of each vowel.

בּ ת תּ שׁ מ ל כּ ה ר כ ב

ד א ו ק צ ע נ ן ח י ם

◌ַ ◌ָ ◌ְ ◌ֲ ◌ִ ◌ִי

Reading Practice

Read these lines.

וֹ

תּוֹרָה

◌וֹ ◌ֹ

1 תּוֹ בּוֹ רוֹ מוֹ לוֹ דוֹ נוֹ

2 אֹ צֹ קֹ עֹ נֹ חֹ יֹ

3 לוֹם יוֹן תֹּב לוֹן כֹּה רוֹמְ

4 הֲרוֹן בּוֹאֱ בְּנוֹ קֹלִי בְּכֹל יֹאמַר

Reading Practice

Read the words below.

1 כֹּל לֹא אוֹת יוֹם חוֹל צֹאן

2 עוֹד קוֹל מוֹת שׁוֹר צוֹם חוֹר

3 שָׁמַע יָבֹא אֹתָם דָתוֹ אָנֹכִי כְּמוֹ

4 אָבוֹת מְאֹד כְּבוֹד לָשׁוֹן שָׁעוֹת

5 קָדוֹשׁ תּוֹרָה צִיוֹן מוֹרָה תְּהֹם מְלֹא

6 שְׁלֹמֹה אַהֲרֹן יַעֲקֹב אֲדוֹן עוֹלָם

7 הַמוֹצִיא שַׁבַּת שָׁלוֹם רֹאשׁ הַשָׁנָה

8 תּוֹרָה בְּרָכוֹת דוֹרוֹת כֹּהֲנִים

Word Power

Circle and read the rhyming words in line 5 above.

Think about it: In Hebrew, a female teacher is called מוֹרָה. How are מוֹרָה and תּוֹרָה connected? Underline the Hebrew phrases above for:

Jewish New Year רֹאשׁ הַשָׁנָה

a peaceful Shabbat שַׁבַּת שָׁלוֹם

CHALLENGE: Put a box around the Hebrew word meaning "no."

Hint: It is in line 1 and rhymes with no.

Figure It Out

Usually וֹ has the sound "OH" (רוֹ, צוֹ). Sometimes וֹ has the sound "VO" (צִוֹ, עָוֹ).
Hint: If there is a vowel under the letter before וֹ, then וֹ has the sound "VO."
Read each line below. Then circle all the words in which וֹ has the sound "VO."

1 מִצְוֹת רוֹצָה עֲוֹנִי מִצְוָה רָצוֹן

2 עֲוֹנֹתַי וְצִוָּה בְּמִצְוֹת אַרְצוֹת בְּמִצְוֹתָיו

3 עָוֹן מַצּוֹת מְצוֹרָע בְּמִצְוֹתַי מִצְוַת

4 מִצְוֹתַי עֲוֹנָה צִוָּה מִצִּיּוֹן בְּרָצוֹן

Reading Rule

When the vowel וֹ is followed by the letter י at the end of a word (וֹי), say "OY" as in boy. Now, say the Hebrew phrase for "Oh my!"
אוֹי וַאֲבוֹי – with expression!

Move It and Use It

Read aloud each of these Hebrew action words.
Divide the class into two teams, א and בּ. A student from team א acts out a word. If team בּ guesses the word correctly, they earn a point. A student from team בּ acts out another word. Continue until all the words have been used or all students have had a turn to act out a word. The team with the most points wins. *Alternative:* Do the activity in pairs.

לִקְרוֹא	לִכְתּוֹב	לְהוֹרִיד	לַעֲצוֹר	לְהוֹצִיא
to read	to write	to lower	to stop	to take out
לִרְקוֹד	לִשְׁמוֹעַ	לִמְצוֹא	לְהָרִים	לְהִשְׁתַּחֲווֹת
to dance	to hear	to find	to raise	to bow down

15

טַלִּית

Tallit, Prayer Shawl

ט

Sound the Symbols

Say the name and sound of each letter you have learned.
Then say the sound of each vowel.

בּ ת תּ שׁ מ ל כּ ה ר כ ב

ד א ו ק צ ע נ ן ח י ם

◌ַ ◌ָ ◌ְ ◌ֲ ◌ִ ◌ִי ◌וֹ ◌ֹ

Reading Practice

Read these lines.

ט

טַלִּית

Tet

1 טַ טְ טִ טוֹ טִי ט

2 טוֹ מוֹ טָ מָ טְ מְ

3 טָה טַשׁ בָּט עַט טָר נְטִי

4 מוֹט מְעַט בִּיט לִיט הַט

5 עֲלָטָה לוֹט הָעַיִט יִבְטַח שָׁקַט

Reading Practice

Read the words below.

1 טוֹן טִיב מָט אַט חַיָט מוֹטוֹ

2 טוֹב טַל אִטִי טָרִי שׁוֹט קָט

3 מִטָה מוֹט קָטָן חִטָה שָׁחַט לָטַשׁ

4 לְאַט מָטָר חָטָא מְעַט שְׁבָט בָּטַח

5 טַלִית טָהוֹר אָטָד טַעַם טִבְעִי טָמַן

6 קְטַנָה עֲטָרָה מִקְלָט חֲטָאִים הִבִּיטָה

7 שְׁבָטִים טוֹבִים בִּטָחוֹן נְטִילַת יָדַיִם

8 טַלִית שָׁנָה טוֹבָה יוֹם טוֹב

Word Power

Can you find these Hebrew words above? Circle, then read them.

tallit, prayer shawl טַלִית holiday, festival יוֹם טוֹב

Happy New Year שָׁנָה טוֹבָה

CHALLENGE: In Hebrew, when a boy is small, we say he is קָטָן. And when a girl is small, we say she is קְטַנָה. In the lines above, circle these two Hebrew words for "small."

Tongue Twisters

Practice ע and צ by reading each line below.

1 צוֹ צְוֹ עוֹ עֲוֹ עוֹ צוֹ צְוֹ

2 רָצוֹן מִצְוֹת עוֹלָם עוֹן לִנְטוֹעַ

3 צָדַק עוֹנִי בְּמִצְוֹת לַעֲצֹם מַצוֹת

4 מִצִיוֹן בְּמִצְוֹתָיו עֲוֹנָה מִצְוֹתָי

5 צָמָא צַעַד קָרַע עָתִיד

Mem-Tet Tuning

Take turns reading the words on each line. Watch out for look-alike letters, especially מ and ט!

1 מִצְרַיִם מַעֲרִיב לְמַטָה נְטִילַת הַמַמְלָכָה

2 הָעַמִים בָּטַח מָרוֹר מַטְבִּילִין לִמַדְתָּ

3 קְטַנִים לְאַט מְצָדָה צָמָא מִטְבָּח

Reading Rule

Sometimes the vowel ָ is pronounced "OH."

כָּל קָדְשׁוֹ מִכָּל עָבְדוֹ בְּכָל תָּכְנִית

16

אֱמֶת

Truth

◌ֱ ◌ֶ

Sound the Symbols

Say the name and sound of each letter you have learned.
Then say the sound of each vowel.

בּ ת תּ שׁ מ ל כּ ה ר כ ב

ד א ו ק צ ע נ ן ח י ם ט

◌ַ ◌ָ ◌ְ ◌ֲ ◌ִ ◌ִי ◌וֹ ◌ֹ

Reading Practice

Read these lines.

1 דֶ בֶּ תֶ טֶ אֱ יֶ

2 שֶׁ עֱ מֶ לֶ קֶ צֶ

3 תֶּם עֶד רֶב חֱלִי דֶשׁ יֶה

4 צַוֶה אֱלֹ מוֹנֶה הֶחֱ מֶשׁ כֶּלֶ

5 שֶׁל כֶּלֶב מֶרֶד שֶׁלוֹ לָכֶן

אֱמֶת

◌ֱ ◌ֶ

Reading Practice

Read the words below.

1 אֶת אֶל שֶׁלִי שֶׁלֹא אֱמֶת אַתֶּן

2 אֲשֶׁר שֶׁמֶשׁ יֶלֶד לָכֶם אֹהֶל אֶבֶן

3 אַתֶּם נֶצַח חֹדֶשׁ כֹּתֶל טֶרֶם אֶחָד

4 רוֹצֶה שֶׁבַע עֶרֶב מוֹרֶה נֶאֱמָן יִהְיֶה

5 וְנֶאֱמַר מְחַיֶה רוֹעֶה עוֹלֶה הֶחֱלִיט שְׁמוֹנֶה

6 לְעוֹלָם וָעֶד תּוֹרַת אֱמֶת מְצַוֶה אֶתְכֶם

7 אֲרוֹן הַקֹּדֶשׁ כֶּתֶר תּוֹרָה וַיֹּאמֶר אֱלֹהִים

8 אֱלֹהִים הַמּוֹצִיא לֶחֶם אֱמֶת וְצֶדֶק

Word Power

Can you find these Hebrew words above? Circle, then read them.

teacher (masculine) מוֹרֶה the Holy Ark אֲרוֹן הַקֹּדֶשׁ

who brings forth bread הַמּוֹצִיא לֶחֶם God אֱלֹהִים

CHALLENGE: You might see a king or queen—or a Torah—wearing a כֶּתֶר. Read and underline the Hebrew word above. The English word for כֶּתֶר is________________.

Word Sleuth: The Case of the Vanishing Vav

You can find the "VO" sound in ten of the words below.

1 Draw a box around the words that contain the "VO" sound.
2 Draw a triangle around the words that contain the "O" sound.
3 Circle the words that contain the "V" sound.
4 Double underline the two words that contain both a "V" and a "VO" sound.

1 צִוָּה מִצְוָה מִצְוַת מַצוֹת מִצְוֹת

2 צוֹם הַמִצְוָה דָוִד בְּמִצוֹת בְּמִצְוֹתַי

3 עָוֹן עוֹנָה עֲוֹנָה רָצוֹן עֲוֹנוֹת

4 וְעָוֹן לִשְׁבּוֹר הַמִצְוֹת עֲוֹנִי בְּמִצְוֹתָיו

Reading Rules:

The vowel ◌ֳ is always pronounced "OH."

אֳנִיָה עֳנִי חֳדָשִׁים

עֳמָרִים אֳרָנִים שֳׁרָשִׁים

When the vowel ◌ָ comes before the vowel ◌ֳ both vowels are pronounced "OH."

אָהֳלִים צָהֳרַיִם מָחֳרַת

נָעֳמִי צָהֳלָה מָחֳרָתַיִם

17

פֶּסַח

Passover

פּ ס

Sound the Symbols

Say the name and sound of each letter you have learned.
Then say the sound of each vowel.

בּ ת תּ שׁ מ ל כּ ה ר כ ב

ד א ו ק צ ע נ ן ח י ם ט

◌ַ ◌ָ ◌ְ ◌ֲ ◌ִ ◌ִי ◌וֹ ◌ֹ ◌ֵ ◌ֶ

Reading Practice

Read these lines.

פּ

פֶּסַח
Pay

1 פּוֹ פֶּ פַּ פְּ פֹּ פָּ

2 פֶּה פְּרִי פֹּה פֶּן פַּת פֶּתִי

3 אַפּוֹ פִּיל פָּנָה פַּחַד פֶּרַח

4 טִפָּה פָּתַח כַּפִּית פַּעַם פֶּרֶק

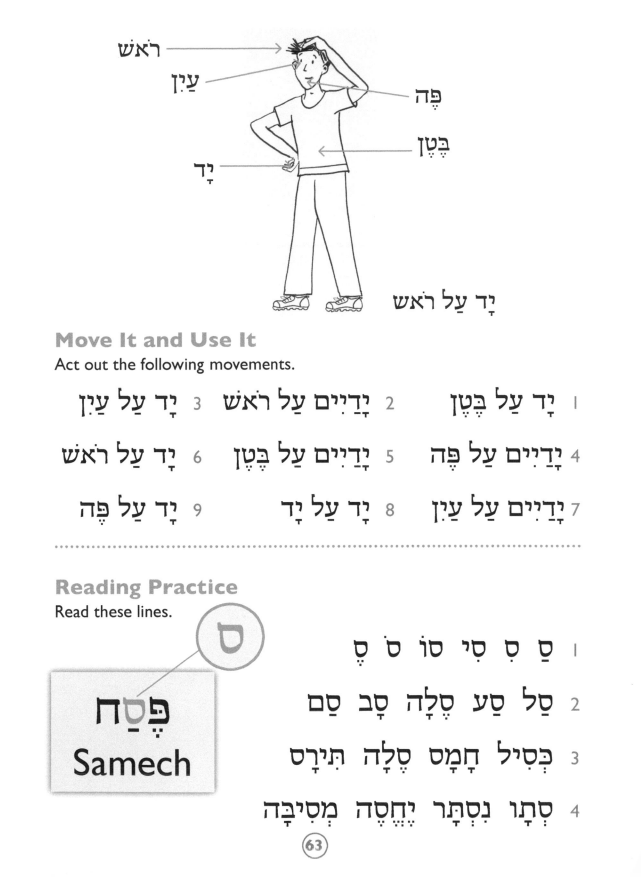

רֹאשׁ
עַיִן
פֶּה
בֶּטֶן
יָד

יָד עַל רֹאשׁ

Move It and Use It

Act out the following movements.

1 יָד עַל בֶּטֶן	2 יָדַיִים עַל רֹאשׁ	3 יָד עַל עַיִן
4 יָדַיִים עַל פֶּה	5 יָדַיִים עַל בֶּטֶן	6 יָד עַל רֹאשׁ
7 יָדַיִים עַל עַיִן	8 יָד עַל יָד	9 יָד עַל פֶּה

Reading Practice

Read these lines.

ס

פֶּסַח

Samech

1 סַ סִ סִי סוֹ סֹ סֶ

2 סַל סַע סֶלָה סָב סַם

3 כְּסִיל חָמָס סֶלָה תִּירָס

4 סְתָו נִסְתַּר יֶחֱסֶה מְסִיבָּה

Reading Practice

Read the words below.

1 כּוֹס סֶלַע מַס פֶּסַח סְתָו סִיוָן

2 סְתָם חֶסֶד סַבָּא סַבְתָּא חָסִיד כַּסְפּוֹ

3 נִיסָן סִדְרָה חַסְדוֹ סַנְדָק יְסוֹד מִסְפָּר

4 מָסֹרֶת נִסִים נִכְנָס כְּסוֹד מְנַסֶה לַעֲסֹק

5 סְבִיבוֹן מִסָבִיב בָּסִיס הִסְפִּיד וְנִסְכּוֹ מַחְסִי

6 מְסַפֶּרֶת כְּנֶסֶת נִסְפָּח הַכְּנָסַת מַסְפִּיק

7 חֲסָדִים חֲסִידִים פַּרְנָסָה סְלִיחָה סְלִיחוֹת

8 פֶּסַח כַּרְפַּס חֲרוֹסֶת מַצָה מָרוֹר פֶּסַח

Word Power

In the lines above, read and circle the Hebrew words for foods we eat on Passover: מַצָה כַּרְפַּס מָרוֹר חֲרוֹסֶת

Underline פֶּסַח, the Hebrew name for Passover.

CHALLENGE: On which line is the Hebrew word for dreidel? _____

Sound Off

Take turns reading the words on each line. Watch out for look-alike letters, especially ס and ם!

1 פְּעָמִים עֲרָבִים חֲסָדִים נִיסָן נִסִּים

2 רַחֲמִים מַסְבִּיר סֹב סוֹבְבִים רְסִיס

3 סַפִּיר הָרִים סַהַר הַשָּׁמַיִם יֶחְסַר

4 סוֹדוֹת יִרְעַם כִּסְאוֹ לָהֶם רְשָׁעִים

Eating in Israel

Imagine you're in a supermarket in Israel. Now read aloud the names of different foods. Circle the ones you recognize. Fun Fact: If you ask for סוֹדָה in Israel, you'll get seltzer!

1 בָּנָנָה פַּפְּקוֹרְן פִּיצָה קוֹלָה פִּיתָה

2 סַיְדֶר שׁוֹקוֹלָד אֲבוֹקָדוֹ סוֹדָה בְּרוֹקוֹלִי

3 קִיוִי נֶקְטָרִינָה אַרְטִישׁוֹק לִימוֹן פַּפְּרִיקָה

Letter Marathon

Take turns reading the words on each line. Watch out for more look-alike letters, especially ט and מ, and ס and ם!

1 מְצָדָה חָנְטָה מְסִירָה מַחֲנֶה רוֹמָאִי

2 מִלְחָמָה מֶלַח טוֹבִים סֶלָה רְהִיטִים

3 כִּמְעַט עֲסִיס יִטּשׁ עֲטָרָה מַסָּה

18

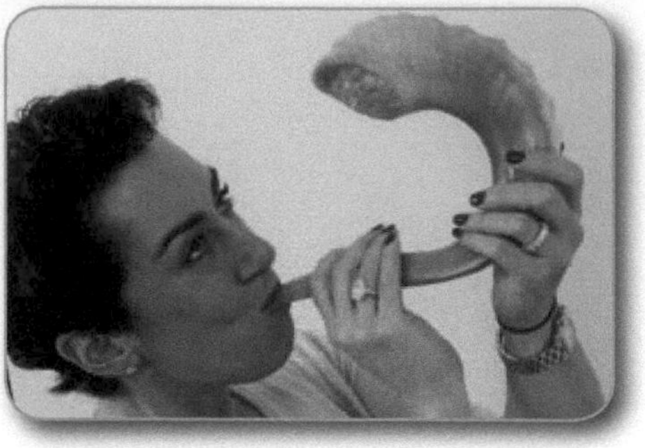

שׁוֹפָר

Shofar

פ

Sound the Symbols

Say the name and sound of each letter you have learned.
Then say the sound of each vowel.

בּ ת תּ שׁ מ ל כּ ה ר כ ב ד

א ו ק צ ע נ ן ח י ם ט פּ ס

◌ַ ◌ָ ◌ְ ◌ֲ ◌ִ ◌ִי ◌וֹ ◌ֹ ◌ֶ ◌ֱ

Reading Practice

Read these lines.

פ

שׁוֹפָר

Fay

1 פִי פֶ פַ פוֹ פְ פֹ

2 פֶ פֶּ פ פּ פֹ פֹּ

3 יוֹפִי נַפְשִׁי יָפָה פַרְעֹה נִפְלָא

4 לְפָנָיו הָפַכְתָ עֳפָרִים פָעֳלֵי פֶסֶל

Reading Practice

Read the words below.

1 יָפֶה עָפָר כְּפִי נֶפֶשׁ חֹפֶשׁ צוֹפֶה

2 אֹפִי תָּפַס נָפַל אָפָה יָפִים נַפְשִׁי

3 אֹפֶן אֶפֶס צָפוֹן שֶׁפַע כֹּפֶר יִפְתֶּה

4 אָסַפְתָּ אֶפְשָׁר תְּפִלָּה מַפְטִיר תִּפְתַּח לִפְעָמִים

5 תְּפִלּוֹת סְפָרִים סוֹפְרִים לְפָנִים צוֹפִיָּה אַפְקִיד

6 לִפְדּוֹת נוֹפְלִים טוֹטָפֹת נַפְשְׁכֶם תִּפְאֶרֶת

7 אֲפִיקוֹמָן הַפְטָרָה שׁוֹפְטִים כְּמִפְעָלוֹ תְּפִלִּין

8 שׁוֹפָר תְּפִלָּה תְּפִלִּין מַפְטִיר הַפְטָרָה

Word Power

Can you find these Hebrew words above? Circle, then read them.

prayer תְּפִלָּה   Haftarah הַפְטָרָה   books סְפָרִים

CHALLENGE: Read and underline the Hebrew word for the half piece of matzah we search for—and find—during the פֶּסַח seder.

Partner Help

Read these lines. Circle any words you are having trouble with. Ask a study partner to help you. Give yourself a smiley face for each circled word you read correctly.

1 פִּיוֹת פֶּרַח פְּרִי פְּרָחִים

2 כִּפָּה אַפַּיִם אֶפֶס מַפָּה

3 עִפָּרוֹן פֹּה פֶּן רִצְפָּה

4 לְטֹטָפֹת תְּפִלוֹת אֶפְשָׁר אוֹפֶה

5 דֹּפֶק תְּפִילִין מוֹפְתִים בְּפִי

6 וְאָסַפְתָּ הַקָּפָה פֶּלֶא פָּדָה

Tzadee-Ayin Warm-Up

Take turns reading the five lines.

1 עַצִי צוֹצָ עִצָ צוֹעוֹ

2 צַעִי עֹצִ צוֹצוֹ עַצַי

3 צְָן עַיִ צְוֹ עִינִי

4 צִיאַ צִנוֹ צִיוֹ צוֹפִ

5 עַצוֹ עֹנֶ עַם עֹטַע

עֵץ חַיִּים

Tree of Life

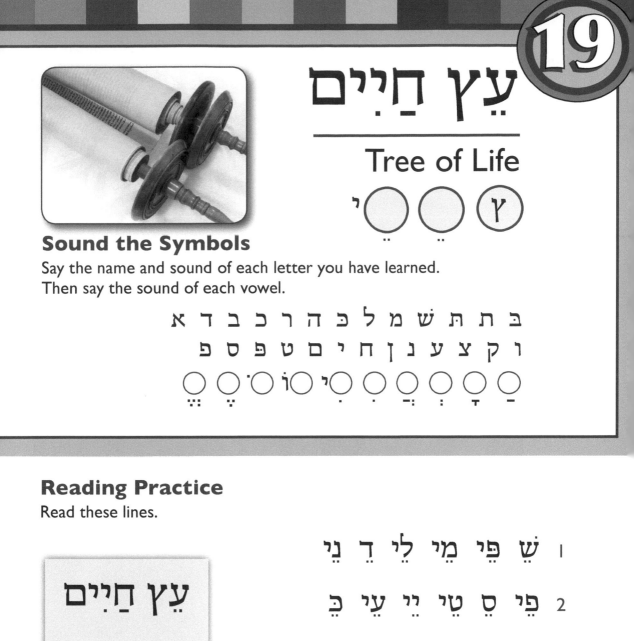

ץ ◌ֵ ◌ֵי

Sound the Symbols

Say the name and sound of each letter you have learned.
Then say the sound of each vowel.

בּ ת תּ שׁ מ ל כּ ה ר כ ב ד א

ו ק צ ע נ ן ח י ם ט פּ ס פ

◌ַ ◌ָ ◌ְ ◌ֲ ◌ִ ◌ִי ◌וֹ ◌ֹ ◌ֶ ◌ֱ

Reading Practice

Read these lines.

1 שֵׁ פֵּי מֵי לֵי דֵ נֵי

2 פֵּי סֵ טֵי יֵי עֵי כֵּ

3 כֹּהֵ אוֹמֵ הֵיטֵ דְרֵי

4 סֵפֶר כֹּהֵן אוֹמֵר הֵיטֵיב

5 בְּנֵי שְׁנֵי בְּצֵאת חַיֵּיהֶם

עֵץ חַיִּים

◌ֵ ◌ֵי

Rhyme Time

Read each line below aloud.

Circle, and then read, the two rhyming words aloud.

1 בֵּן נֵר תֵּל כֵּן

2 אָמַר אָמֵן שָׁמֵן עֹמֶר

3 קוֹרֵא תּוֹקֵעַ שׁוֹמֵר שׁוֹמֵעַ

4 מִנְיָן מִקְוָה בִּנְיָן בָּנִים

5 טַהֵר טוֹבָה מַהֵר מִצְוָה

Reading Practice

Read these lines.

ץ

עֵץ חַיִּים

Final Tzadee

1 עֵץ קֵץ חֵץ רָץ אָץ נֵץ

2 עֵץ עֵצִים רָץ רָצָה לֵץ לֵיצָן

3 חֵן קֵן אֲצֵי דִין אֵין קַיִץ

Move It and Use It

Describe a time when someone told you: לִקְפּוֹץ or לֹא לִקְפּוֹץ

Which did you want to do? לִקְפּוֹץ or לֹא לִקְפּוֹץ

Reading Practice

Read the words below.

1 אֶרֶץ חָמֵץ מַצָה חָפֵץ קַיִץ

2 קוֹץ קוֹצִים בּוֹץ פָּרַץ קוֹפֵץ

3 נוֹצֵץ לוֹחֵץ צַנְחָן עָצִיץ מִיץ

4 אִמֵץ אֶמְצַע מֶרֶץ אָמִיץ הֵצִיץ

5 אֱלֹהֵי פִּרְקֵי נִדְרֵי אַחֲרֵי חַסְדֵי תִּשְׁרֵי

6 עֵץ חַיִים הַמוֹצִיא לֶחֶם מִן הָאָרֶץ

Word Power

On Passover, we eat מַצָה but not חָמֵץ, "leavened food." Find and circle those two words above.

We call the Torah עֵץ חַיִים, a "Tree of Life." In the lines above, find this phrase and draw a Torah around the Hebrew words.

CHALLENGE: Put a rectangle around the phrase in line 6 that is the ending of the blessing recited before eating חַלָה.

That's Final

Five Hebrew letters change their form when they appear at the end of a word. You have learned three so far.

מ ם	צ ץ	נ ן

Read aloud the following prayer phrases. Circle each word that ends with a letter that has a changed final form. Now read aloud each of the circled words.

1 אֶת הַשָּׁמַיִם וְאֵת הָאָרֶץ

2 כִּי מִצִּיּוֹן תֵּצֵא תוֹרָה

3 וַיָּרֶם קֶרֶן לְעַמּוֹ

4 קוֹנֵה שָׁמַיִם וָאָרֶץ

5 בַּשָּׁמַיִם מִמַּעַל וְעַל הָאָרֶץ מִתָּחַת

6 אֲשֶׁר הוֹצֵאתִי אֶתְכֶם מֵאֶרֶץ מִצְרַיִם

Move It and Use It

Read each of the Hebrew words aloud. Now circle the names of items you see in your classroom. Stand up and touch each item as you say its name.

רִצְפָּה	חַלּוֹן	דֶּלֶת	קִיר	כִּסֵּא	סֵפֶר
floor	window	door	wall	chair	book
מַחַק	מַחְשֵׁב	מַחְבֶּרֶת	עֵט	מִסְפָּרַיִם	עִפָּרוֹן
eraser	computer	notebook	pen	scissors	pencil

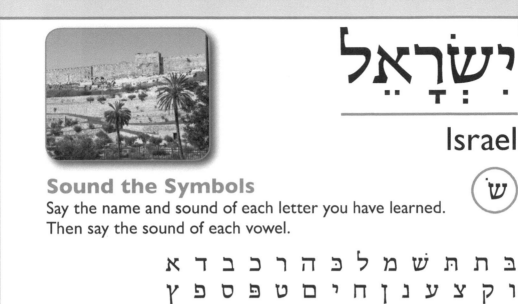

יִשְׂרָאֵל

Israel

Sound the Symbols

שׂ

Say the name and sound of each letter you have learned.
Then say the sound of each vowel.

בּ ת תּ שׁ מ ל כּ ה ר כ ב ד א

ו ק צ ע נ ן ח י ם ט פּ ס פ ץ

◌ַ ◌ָ ◌ְ ◌ֲ ◌ִ ◌ִי ◌וֹ ◌ֹ ◌ֶ ◌ֱ ◌ֶ ◌ֵ ◌ֵי

Reading Practice

Read these lines.

1 שָׂ שִׂי שֵׂי שׂוֹ שֶׂ שֵׂ

2 שֵׂ שֶׂ שִׂי שִׂי שׂוֹ שׂוֹ

3 נִשְׂמַח עֵשֶׂב שַׂמְתֶּם פּוֹרֵשׂ

4 שְׂפָתַי וְיִתְנַשֵּׂא יַעֲשֶׂה יִשְׂמַח

שׂ

יִשְׂרָאֵל

Sin

Reading Practice

Read the words below.

1 שֶׂה שִׂים שַׂר שָׂם שַׂק שִׂיא

2 שָׂרָה שָׂנֵא שָׂמַח עֶשֶׂר עֹשֶׂה מַשָׂא

3 שָׂרָה שָׂרָה שָׂמָה שַׂעַר שָׂשׂוֹן

4 שֵׂעָר שָׂכָר שָׂפָה יִשָׂא בָּשָׂר שֵׂכֶל

5 שָׂדֶה פָּשַׂט שֶׂבַע עֶשֶׂר עָשָׂה תַּיִשׂ

6 שִׂמְחַת תּוֹרָה שְׂמוֹנֶה עֶשְׂרֵה עֲשֶׂרֶת הַדִּבְּרוֹת

7 שְׂמַע יִשְׂרָאֵל שִׂים שָׂלוֹם עוֹשֶׂה שָׂלוֹם

8 עַם יִשְׂרָאֵל בְּנֵי יִשְׂרָאֵל אֶרֶץ יִשְׂרָאֵל

Word Power

Find and circle the Hebrew for these numbers above:

שֶׂבַע 7 עֶשֶׂר 10 שְׂמוֹנֶה עֶשְׂרֵה 18

CHALLENGE: Underline אֶרֶץ יִשְׂרָאֵל (the Land of Israel).
Name a city in אֶרֶץ יִשְׂרָאֵל.

Shin-Sin Warm-Up

Pay attention to שׁ (sh) and שׂ (s) as you read each line.

1 שָׁ שַׁ שִׁ שֵׁ שֶׁ

2 שְׂ שֶׂ שִׂי שַׂ שָׂ

3 שֵׁשַׁ שָׂשׂ שַׁבָּ שָׂךָ רַשׁ

4 לָשִׂים שׁוֹמֵעַ קֹדֶשׁ רֹאשׁ שִׂמְחָה

5 לַעֲשׂוֹת שֶׁעָשָׂה לָשֶׁבֶת עֹשֶׂה אַחַשְׁוֵרוֹשׁ

Reading Rule

Some dots do double duty. They indicate the vowel sound "O" *and* whether the letter ש makes a "S" or a "SH" sound. Practice reading these words.

מֹשֶׁה שָׁלֹשׁ נָשֹׂא שָׂשֹׂן נְחֹשֶׁת שֹׂנְאַי

Move It and Use It

Stand up and read each Hebrew word below. As you read, walk around the room according to the Hebrew direction. When, for example, you read קָדִימָה, step forward. Have fun taking turns and directing where your friends should walk.

go forward קָדִימָה

here פֹּה

go back אָחוֹרָה

go to the left שְׂמֹאלָה

go to the right יָמִינָה

21

חַג שָׂמֵחַ

Happy Holiday

ג

Sound the Symbols

Say the name and sound of each letter you have learned.
Then say the sound of each vowel.

בּ ת תּ שׁ מ ל כּ ה ר כ ב ד א

ו ק צ ע נ ן ח י ם ט פּ ס פ ץ שׂ

◌ַ ◌ָ ◌ְ ◌ֲ ◌ִ ◌ִי ◌וֹ ◌ֹ ◌ֶ ◌ֱ ◌ֵ ◌ֵי

Reading Practice

Read these lines.

ג

חַג שָׂמֵחַ
Gimmel

1 גַ גוֹ גִי גֶ גַ גֵי

2 גַג גַלוֹ גַבֵּי גַנֵי גִיס גִיר

3 גֹלֶם מָגֵן גִבּוֹר עֹנֶג גֶשֶׁם

4 אֶתְרוֹג נָגִילָה שִׁגָעוֹן יִתְגַדַל

Reading Rule

When חַ is at the end of a word, say "ACH" as in "ko-ach" (כֹּחַ).
Read these lines.

1 כֹּחַ מֹחַ רֵיחַ נֹחַ שִׂיחַ בְּכֹחַ

2 יָרֵחַ בַּכֹּחַ לְנֹחַ כְּשִׂיחַ לִשְׁכֹּחַ

3 מוֹחַ נִיחוֹחַ נוֹחַ לְהָנִיחַ מִשְׁתַּבֵּחַ

Prayer Building Blocks

Read these siddur phrases.
Put a check next to each phrase that you read correctly.

לְשַׁבֵּחַ לַאֲדוֹן הַכֹּל ____

הָאֵל הַגָּדוֹל הַגִּבּוֹר וְהַנּוֹרָא ____

לְעֵת תָּכִין מַטְבֵּחַ ____

לְהוֹדוֹת לְהַלֵּל לְשַׁבֵּחַ ____

שְׂמֵחִים בְּצֵאתָם וְשָׂשִׂים בְּבֹאָם ____

Read these endings to familiar בְּרָכוֹת (blessings). When do we recite each one?

1 בּוֹרֵא פְּרִי הַגָּפֶן

2 בּוֹרֵא פְּרִי הָאֲדָמָה

3 בּוֹרֵא מִינֵי בְשָׂמִים

4 בּוֹרֵא פְּרִי הָעֵץ

5 בּוֹרֵא מְאוֹרֵי הָאֵשׁ

6 הַמּוֹצִיא לֶחֶם מִן הָאָרֶץ

Reading Practice

Read the words below.

1 חַן גַן גְדִי גֵר דָג גַם

2 גִבּוֹר גוֹלֵל גוֹמֵל גָאַל גֶשֶׁם דֶגֶל

3 שָׂמֵחַ יָרֵחַ אוֹרֵחַ נָשִׂיחַ מֵנִיחַ בַּכֹּחַ

4 לְשַׁבֵּחַ מְנַצֵּחַ שׁוֹלֵחַ מָנוֹחַ שָׁלִיחַ מַפְתֵּחַ

5 גוֹלָה מְגִילָה הִשִׂיג מִנְהָג גָדוֹל גִטִים

6 מָשִׁיחַ חַג שָׂמֵחַ פֶּסַח הַגָדָה מְגִילָה

7 אַגָדָה אֶתְרוֹג רֶגֶל הִגְדִיל חַגִים גְדוֹלָה

8 הַגָדָה חַד גַדְיָא מָגֵן דָוִד מָגֵן אָבוֹת

Word Power

Put a circle around the Hebrew word above for the book we read from at the פֶּסַח seder.

Draw a קַו (line) under the Hebrew word for the text we read on Purim.

CHALLENGE: Put a box around חַג שָׂמֵחַ, the Hebrew greeting for a happy holiday. Name two occasions when we say this greeting.

Move It and Use It

big גְּדוֹלָה, גָּדוֹל small קָטָן, קְטַנָּה

Read these phrases. Then draw a line from each phrase to its matching picture.

שׁוֹפָר גָּדוֹל תּוֹרָה קְטַנָּה תּוֹרָה גְּדוֹלָה שׁוֹפָר קָטָן

Rhyme Time

Connect the rhyming words.

נוֹדֶה	לָלֶכֶת
עַמִּים	גּוֹמֵל
עַתָּה	לוֹוֶה
לָרֶדֶת	בֵּין
אוֹכֵל	שָׁתָה
אֵין	תָּמִים

Samech-Sin Warm-Up

Pay attention to שׂ and ס as you read each line.

1 חֶסֶד כּוֹסִי שְׂמֵחִים פַּרְנָסָה שָׂשׂוֹן

2 אֶסְתֵּר מִתְנַשְּׂאִים יִסֹּב נִסִּי פֶּסַח

22

קִדּוּשׁ

Kiddush

◌וּ ◌ֻ

Sound the Symbols

Say the name and sound of each letter you have learned.
Then say the sound of each vowel.

בּ ת תּ שׁ מ ל כּ ה ר כ ב ד א ו

ק צ ע נ ן ח י ם ט פּ ס פ ץ שׂ ג

◌ַ ◌ָ ◌ְ ◌ֲ ◌ִ ◌ִי ◌וֹ ◌ֹ ◌ֶ ◌ֱ ◌ֵ ◌ֵי

Reading Practice

Read these lines.

וּ

קִדּוּשׁ
Kiddush

◌וּ ◌ֻ

1 סוּ שׁוּ טוּ נוּ מוּ צוּ

2 בֻּ גֻ שֻׁ רֻ קֻ תֻּ

3 הוּא לָנוּ אָנוּ בָּנוּ צוּד כֻּלוֹ

4 שׁוּם סֻכַּת וּבְכָל לָקוּם כֻּלָם

Reading Practice

Read the words below.

1 חֻמָשׁ לוּחַ כֻּלָם וְהָיוּ סֻכָּה טֹבוּ

2 עָלֵינוּ לִבֵּנוּ סֻכּוֹת שָׁבוּעַ חֲנוּכָּה קִבּוּץ

3 קִדּוּשׁ שֻׁלְחָן מְשֻׁבָּח סִדּוּר מְצֻיָּן כֻּלָנוּ

4 הַלְלוּיָה גְּדֻלָה פָּסוּק יְשׁוּעָה נְטוּיָה אֲנַחְנוּ

5 וּבְנֻחֹה לוּלָב וְיָפֻצוּ וַיְכֻלוּ וְיָנֻסוּ דַיֵּנוּ

6 תְּמוּנָה וְצִוָּנוּ אֵלִיָּהוּ הַנָּבִיא בָּרְכוּ קֻשְׁיוֹת

7 קְדֻשָּׁה יְהוּדִים פּוּרִים יוֹם כִּפּוּר שָׁבוּעוֹת

8 יְרוּשָׁלַיִם אֱלֹהֵינוּ שֶׁהֶחֱיָנוּ אָבִינוּ מַלְכֵּנוּ

Word Power

Some Hebrew words have more than one meaning.

שֻׁלְחָן is a desk or a table.

A לוּחַ can be a chalkboard, bulletin board, or even a calendar.

Read and circle לוּחַ and שֻׁלְחָן in the lines above.

Oh-Oo Warm-Up

Be alert for the vowels וֹ and וּ as you read each line aloud.
Time yourself, then try to beat your own best time.

1 יוֹם טוֹב תּוֹרָה שָׁלוֹם בּוֹרֵא עוֹלָם

2 הוּא צוּר לָנוּ בָּנוּ דַּיֵּינוּ אֲנַחְנוּ פּוּרִים

3 גָּדוֹל גּוֹאֵל צִיּוֹן סִדּוּר קִדּוּשׁ קָדוֹשׁ

4 וּבְכָל וּמַה הוֹדוּ מַלְכוּתוֹ אֲדוֹנֵינוּ

Reading Rule

When the vowel וּ is followed by the letter י at the end of a word, say "OOEY" as in gooey.

צִוּוּי קָנוּי עָשׂוּי רָצוּי גָּלוּי וִדּוּי פָּנוּי בָּנוּי

Word Play

Form a group of three. The first person reads the first word part (קוּפְ). The second person reads the second word part (סָה). The third person reads the whole word (קוּפְסָה). Continue in that way.

1	קוּפְ	סָה	קוּפְסָה
2	לָ	רוּץ	לָרוּץ
3	וַאֲנַחְ	נוּ	וַאֲנַחְנוּ
4	גֶ	שֶׁם	גֶּשֶׁם
5	יִתְ	גַּדַּל	יִתְגַּדַּל
6	לִסְ	גֹּר	לִסְגֹּר
7	וּמַבְ	דִּיל	וּמַבְדִּיל
8	בֵּי	צָה	בֵּיצָה
9	קִ	דּוּשׁ	קִדּוּשׁ
10	כְּגוֹ	יֵי	כְּגוֹיֵי

Sing Along

Read and then sing this popular holiday song.
On which holiday do we sing it? ________________

סְבִיבוֹן סֹב סֹב סֹב. חֲנֻכָּה הוּא חַג טוֹב.

חֲנֻכָּה הוּא חַג טוֹב. סְבִיבוֹן סֹב סֹב.

Power Reading

Practice reading these phrases from the קִדּוּשׁ. Put a check next to all the phrases that you read correctly.

1 אֲשֶׁר קִדְּשָׁנוּ בְּמִצְוֹתָיו וְרָצָה בָנוּ

2 כִּי הוּא יוֹם תְּחִלָּה לְמִקְרָאֵי קֹדֶשׁ

3 כִּי בָנוּ בָחַרְתָּ וְאוֹתָנוּ קִדַּשְׁתָּ

4 בְּאַהֲבָה וּבְרָצוֹן הִנְחַלְתָּנוּ

5 מְקַדֵּשׁ הַשַּׁבָּת

Double Sh'va (◌ְ) Toss

When ◌ְ appears under two consecutive letters, the first ◌ְ has no sound. It tells you to STOP. The second ◌ְ makes a short "UH" sound. It lets you GO. Practice reading these words with double sh'vas. Draw a line to indicate the STOP.

1 מִשְׁ|פְּטֵי אֶבְרְכָה וְנִשְׁמְחָה כְּמִשְׁפְּחוֹת יִשְׁמְעוּ

2 יִשְׁמְחוּ יִלְמְדוּ תִּשְׁמְרוּ יִסְפְּרוּ בְּמִשְׁמְרוֹתֵיהֶם

23

מְזוּזָה

Mezuzah

ז

Sound the Symbols

Say the name and sound of each letter you have learned.
Then say the sound of each vowel.

בּ ת תּ שׁ מ ל כּ ה ר כ ב ד א ו

ק צ ע נ ן ח י ם ט פּ ס פ ץ שׂ ג

◌ַ ◌ָ ◌ְ ◌ֲ ◌ִ ◌ִי ◌וֹ ◌ֹ ◌ֶ ◌ֱ ◌ֵ ◌ֵי ◌וּ ◌ֻ

Reading Practice

Read these lines. Be alert! The first ◌ָ in both of the words on line 4 has the sound “OH.”

1 זֻ זוּ זוֹ זִ זְ זֵי

2 זֶ שֶׂ זַ סַ זִ צִ

3 זוֹכֵר עוֹזֵר וּבִזְמַן תִּזְכְּרוּ

4 זָכְרֵנוּ אָזְנֵי-הָמָן

ז

מְזוּזָה
Zayin

Reading Practice

Read the words below.

1 זֶה אָז עֹז פָּז בּוּז זָר

2 זָכֹר זְמַן אֹזֶן חָזָק חַזָּן אָחַז

3 הַזָּן זֶבַח זֹאת מַזָּל זָקֵן זָהָב

4 יִזְכֹּר מָעוֹז זֵכֶר אֵיזֶה עֱזֵנוּ וְזַרְעוֹ

5 זִכָּרוֹן מִזְבֵּחַ מַחֲזוֹר מִזְמוֹר נֶעֱזַב זָוִית

6 זְכוּת מִזְרַח זְרוֹעַ מָזוֹן זַרְעָם עִזִּים

7 זַיִת הֶחֱזִיר זָקוּק הִזְנִיחַ חֲזַק וֶאֱמָץ

8 מְזוּזָה יוֹם הַזִּכָּרוֹן מַחֲזוֹר מַזָּל טוֹב

Word Power

Can you find these Hebrew words above? Circle, then read them.

congratulations מַזָּל טוֹב mezuzah מְזוּזָה

machzor מַחֲזוֹר

CHALLENGE: Name an occasion when we say מַזָּל טוֹב.

____

Repairing the World

When we care for the environment and all living things, we are engaged in תִּקּוּן עוֹלָם. How do you do תִּקּוּן עוֹלָם?

Vav-Zayin Relay Race

Take turns reading the words. Watch out for look-alike letters!

1 אֲזַי וְצִוָּנוּ וְזֹאת מָזוֹן

2 וְזִמְרָת מְזוּזָה חָזָק קִוִינוּ

3 וֶעֱזוּז זְכָּרוֹן מְזוֹנוֹת גְוִיָתִי

4 בַּזְמַן זִכְרוֹנֵנוּ כָּוָנָה אֲרָזִים

5 הַזָן רַעֲוָא זֵכֶר וּמִשְׁתַּחֲוִים

Great Greetings

Match the Hebrew greeting to its proper occasion.

שָׁבוּעַ טוֹב! שַׁבָּת שָׁלוֹם! חַג שָׂמֵחַ! מַזָּל טוֹב!

Move It and Use It

Act out the following movements. You can find more phrases on page 63.

4   יָדַיִים עַל אֹזֶן   1   יָד עַל אֹזֶן

5   יָדַיִים עַל כְּתֵפַיִים   2   יָד עַל עֵינַיִים

6   יָדַיִים עַל עֵינַיִים   3   יָדַיִים עַל אָזְנַיִים

Hebrew Math

Hebrew letters stand for numbers.

ה=5	ד=4	ג=3	ב=2	א=1
י=10	ט=9	ח=8	ז=7	ו=6

Can you solve these math problems? Have a classmate check your work.

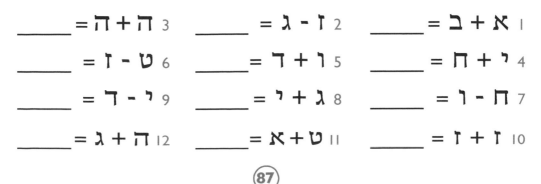

3   ה + ה = ____   2   ז - ג = ____   1   א + ב = ____

6   ט - ז = ____   5   ו + ד = ____   4   י + ח = ____

9   ד - י = ____   8   ג + י = ____   7   ח - ו = ____

12   ה + ג = ____   11   ט + א = ____   10   ז + ז = ____

24

בָּרוּךְ

Praised, Blessed

ךְ

Sound the Symbols

Say the name and sound of each letter you have learned.
Then say the sound of each vowel.

בּ ת תּ שׁ מ ל כּ ה ר כ ב ד א ו

ק צ ע נ ן ח י ם ט פּ ס פ ץ שׂ ג ז

◌ַ ◌ָ ◌ְ ◌ֲ ◌ִ ◌ִי ◌ֹ ◌וֹ ◌ֶ ◌ֱ ◌ֵ ◌ֵי ◌וּ ◌ֻ

Reading Practice

Read these lines.

1 רַךְ כַּךְ בָּךְ לֵךְ לְךָ וּלְךָ

2 אַךְ בְּךָ שֶׁלְךָ בְּכָךְ שֹׁמְךָ תֶיךָ

3 לָךְ חֹשֶׁךְ אֹרֶךְ הָלַךְ בְּרִיךְ

4 דְגָנֶךָ בְּשָׂדְךָ שְׁמֶךָ טוּבֶךָ אֵלֶיךָ

5 תּוֹרָתֶךָ פָּנֶיךָ מָלַךְ חַסְדְךָ בָּרוּךְ

ךְ

בָּרוּךְ

Final Chaf

Reading Rule

When ֶיךָ comes at the end of a word, the letter י is silent.
Read the words below.

חֲסָדֶיךָ   עֲבָדֶיךָ   מַעֲשֶׂיךָ   אֱלֹהֶיךָ   לְבָנֶיךָ

Reading Practice

Read the words below.

1 בָּרוּךְ אִמֶּךָ שְׁמֵךְ עַמְּךָ דֶּרֶךְ עָלֶיךָ

2 מֶלֶךְ לִבֶּךָ רֵעֲךָ פֶּרֶךְ אֶרֶךְ לִבֵּךְ

3 כָּמוֹךָ צָרִיךְ הוֹלֵךְ אֵלֶיךָ אָבִיךָ עֻזֶּךָ

4 בָּרוּךְ בָּנֶיךָ עִמְּךָ בֵּיתֶךָ אוֹתְךָ כֻּלְּךָ

5 מְבֹרָךְ יִמְלֹךְ לְבָבְךָ יָדֶיךָ מְאֹדֶךָ

6 לְפָנֶיךָ עֵינֶיךָ נַפְשְׁךָ מְצַוְּךָ סוֹמֵךְ מַלְאָךְ

7 מִצְוֹתֶיךָ קְדֻשָּׁתְךָ בִּשְׁלוֹמֶךָ אֱלֹהַיִךְ

8 תַּנַּךְ בָּרוּךְ וּבְלֶכְתְּךָ וּבְקוּמֶךָ וּבִשְׁעָרֶיךָ

Word Power

Find and circle these Hebrew words above.

blessed, praised בָּרוּךְ   king, ruler מֶלֶךְ

Rhyme Time

Read aloud the Hebrew words on each line. Circle the two rhyming words. Now read the rhyming words aloud.

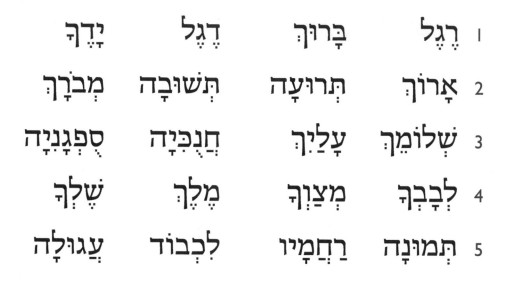

1 רֶגֶל בָּרוּךְ דֶּגֶל יָדֶךָ

2 אָרוֹךְ תְּרוּעָה תְּשׁוּבָה מְבֹרָךְ

3 שְׁלוֹמֵךְ עָלַיִךְ חֲנֻכִּיָּה סֻפְגָּנִיָּה

4 לְבָבְךָ מְצַוְּךָ מֶלֶךְ שֶׁלְּךָ

5 תְּמוּנָה רַחֲמָיו לִכְבוֹד עֲגוּלָה

Who Knows One?

These lines are from a Passover counting song. Form a pair. Read the line with the number your partner calls out.

1 אֶחָד אֱלֹהֵינוּ שֶׁבַּשָּׁמַיִם וּבָאָרֶץ

2 שְׁנֵי לֻחוֹת הַבְּרִית

3 שְׁלֹשָׁה אָבוֹת

4 אַרְבַּע אִמָּהוֹת

5 חֲמִשָּׁה חֻמְשֵׁי תוֹרָה

6 שִׁשָּׁה סִדְרֵי מִשְׁנָה

7 שִׁבְעָה יְמֵי שַׁבַּתָּא

8 שְׁמוֹנָה יְמֵי מִילָה

9 תִּשְׁעָה יַרְחֵי לֵידָה

10 עֲשָׂרָה דִבְּרַיָּא

אָלֶף

Alef

ף

Sound the Symbols

Say the name and sound of each letter you have learned.
Then say the sound of each vowel.

בּ ת תּ שׁ מ ל כּ ה ר כ ב ד א ו

ק צ ע נ ן ח י ם ט פּ ס פ ץ שׂ ג ז ך

◌ַ ◌ָ ◌ְ ◌ֲ ◌ִ ◌ִי ◌וֹ ◌ֹ ◌ֶ ◌ֱ ◌ֵ ◌ֵי ◌וּ ◌ֻ

Reading Practice

Read these lines.

ף

אָלֶף

Final Fay

1 אַף דַף עוֹף קוֹף גוּף סוּף

2 כַּף תּוֹף עָף סוֹף תַּף כֵּף

3 יֵף נָף טֶף סָף רַף צוּף

4 טָרַף אֶלֶף יָעוּף בְּתֹף רָדַף

Reading Practice

Read the words below.

1 נוֹף הַדַף חַף עָיֵף סַף חוֹף

2 חֹרֶף תֵּיכֶף עֹרֶף עָנָף כֶּסֶף שָׂרַף

3 שֶׁטֶף יוֹסֵף אָלֶף חָלַף כָּתֵף כָּפַף

4 מוּסָף צָפוּף קְלַף זוֹקֵף קוֹטֵף לָעוּף

5 אָסַף נִשְׂרַף שִׁטּוּף רָצוּף כָּנָף יָחֵף

6 עַפְעַף מְרַחֵף רוֹדֵף שָׁלוֹם זוֹקֵף כְּפוּפִים

7 מְצַפְצֵף לְהִתְאַסֵּף לֶאֱסֹף הֶחֱלִיף לְשַׁפְשֵׁף

8 אָלֶף בֵּית וְצִוָּנוּ לְהִתְעַטֵּף בַּצִּיצִית

Word Power

Circle and then read the last two words of line 8 above.

Do you know which blessing has these words?

CHALLENGE: Find the Hebrew name for Joseph in the lines above.

Write the line number.________

Can you find the Hebrew word for *peace*? Put a box around the word.

Plant Your Roots

Most Hebrew words are built on three root letters—called the שֹׁרֶשׁ. The word בָּרוּךְ is built on the root ברכ, which means "bless" or "praise." Write ברכ below the tree, from right to left. Circle the three root letters in each Hebrew word on the tree.

REMEMBER!

The letters ב and בּ are members of the same letter family.

The letters ךְ, כ, כּ are members of the same letter family.

בְּרָכָה בָּרְכוּ
בָּרוּךְ מְבֹרָךְ
בְּרָכוֹת יִתְבָּרַךְ
בָּרְכוּנִי בִּרְכַּת

CHALLENGE: Underline the Hebrew word for *blessing* in the tree.

Eye-Ahv March

Watch out for the endings as you read these words!

1 שַׁדַּי עָלַי אֲדֹנַי אֱלֹהַי סִינַי

2 דְּבָרַי אֲבוֹתַי וּשְׂפָתַי רַבּוֹתַי מִצְוֹתַי

3 עָלָיו עֵינָיו יָדָיו חֲסִידָיו דְּבָרָיו

4 פָּנָיו מִצְוֹתָיו בְּרַחֲמָיו מַעֲשָׂיו

Double Sh’va (◌ְ◌ְ) Relay

Form a group of three. One person reads the first word part (נַפְ).
The second person reads the second word part (שְׁךָ).
The third person reads the whole word (נַפְשְׁךָ).
Continue that pattern.
Be alert! The first ◌ָ in words 5 and 10 has the “OH” sound.

1 נַפְ שְׁךָ	נַפְשְׁךָ	6 תִּזְ כְּרוּ	תִּזְכְּרוּ
2 חַסְ דְּךָ	חַסְדְּךָ	7 נַפְ שְׁכֶם	נַפְשְׁכֶם
3 בְּשִׁבְ תְּךָ	בְּשִׁבְתְּךָ	8 וּבְלֶכְ תְּךָ	וּבְלֶכְתְּךָ
4 תִּבְ טְחוּ	תִּבְטְחוּ	9 בְּצִלְ צְלֵי	בְּצִלְצְלֵי
5 קָדְ שְׁךָ	קָדְשְׁךָ	10 וּבְשָׁכְ בְּךָ	וּבְשָׁכְבְּךָ

Final Letter Wrap-Up

Choose three words on each line that you’d like to practice. Next time practice the remaining three words on each line.

1	בִּכּוּרִים	לַאֲדוֹן	תְּפִלִּין	סוֹף	אֶרֶץ
2	אֲפִיקוֹמָן	יוֹסֵף	חֹשֶׁן	לֶחֶם	עֵץ
3	רִאשׁוֹן	עוֹלָם	יַם-סוּף	גְּדוֹלִים	בִּשְׁלוֹמֶךָ
4	פָּמוֹטִים	תִּרְדּוֹף	לְבָרֵךְ	חִלּוּץ	נֶאֱמָן

אָלֶף בֵּית

ד	ג	ב	בּ	א
ט	ח	ז	ו	ה
ל	ך	כ	כּ	י
ס	ן	נ	ם	מ
צ	ף	פ	פּ	ע
שׂ	שׁ	ר	ק	ץ
			ת	תּ

Hebrew Vowels

Pronunciation	Transliteration	Name	Symbol
"ah" as in father	kamatz	קָמָץ	◌ָ
"ah" as in father	patach	פַּתָּח	◌ַ
"uh" or silent	sh'va	שְׁוָא	◌ְ
"ah" as in father	chataf-patach	חֲטַף-פַּתָּח	◌ֲ
"ee" as in bee	chirik	חִירִיק	◌ִ
"o" as in open	cholam	חוֹלָם	◌וֹ
"o" as in open	cholam chaseir	חוֹלָם-חָסֵר	◌ֹ
"o" as in open	chataf-kamatz	חֲטַף-קָמָץ	◌ֳ
"eh" as in bed	segol	סֶגוֹל	◌ֶ
"eh" as in bed	chataf-segol	חֲטַף-סֶגוֹל	◌ֱ
"ei" as in eight (some people say "eh")	tzeirei	צֵירֵי	◌ֵ
"oo" as in moose	shuruk	שׁוּרֻק	◌וּ
"oo" as in moose	kubutz	קֻבּוּץ	◌ֻ